Prof. Dr. Peter Axt
Dr. Michaela Axt-Gadermann

Mai-Frau sucht Dezember-Mann

Prof. Dr. Peter Axt
Dr. Michaela Axt-Gadermann

Mai-Frau sucht Dezember-Mann

Wie unser Geburtsmonat Gesundheit, Karriere und Partnerschaft beeinflusst und wie wir diese Chancen nutzen können

Mit 13 Abbildungen

Herbig

Für Leonie und Linus

Die Informationen, Tipps und Ratschläge in diesem Buch sind von den Autoren nach bestem Wissen und Gewissen zusammengestellt und geprüft worden. Sie ersetzen aber bei bestehenden Beschwerden nicht die Konsultation eines Arztes oder einer anderweitigen medizinischen Betreuung.

Sie können die Autoren im Internet erreichen unter *www.bleibjung.de*.

Besuchen Sie uns im Internet:
http://www.herbig-verlag.de

Schutzumschlaggestaltung: Wolfgang Heinzel
Grafiken: Ralf Gadermann
Satz: EDV-Fotosatz Huber / Verlagsservice G. Pfeifer, Germering
Gesetzt aus 11/14 pt. Optima
Druck: Ueberreuter Buchproduktion, Korneuburg
Printed in Austria
ISBN 3-7766-2399-3

Inhalt

EINLEITUNG

»Sag mir, wann du geboren wurdest, und ich sag dir, wie gesund und erfolgreich du sein wirst!« Wenn es bisher um den Einfluss des Geburtstags auf Gesundheit, Karriere und Partnerschaft ging, waren immer Astrologen, Wahrsager und Sterndeuter gefragt. Es ist tatsächlich richtig: Der Geburtstermin beeinflusst unser weiteres Leben – doch das hat nichts mit Sternzeichen und Horoskopen zu tun. Seit einigen Jahren geht auch die seriöse Wissenschaft dem Zusammenhang zwischen Geburtstag und Lebenschance auf den Grund – mit teilweise faszinierenden Ergebnissen: Ob wir als unverbesserliche Optimisten durchs Leben gehen, besonders alt werden, Linkshänder sind, ein erhöhtes Risiko für Allergien oder Zuckerkrankheit in uns tragen, zu besonders guten sportlichen Leistungen fähig sind oder zahlreiche Enkel bekommen, das alles wird auch vom Zeitpunkt der Geburt beeinflusst. Selbst auf Partnerschaft und Berufswahl wirkt sich der Geburtstag aus. Die Ursachen dafür sehen die Wissenschaftler in einer »Programmierung im Mutterleib«: Während der Schwangerschaft und in den ersten Lebensmonaten wirken unzählige Umweltfaktoren in saisonal unterschiedlichen Konstellationen auf das Baby ein – mit erstaunlichen Auswirkungen auf das gesamte weitere Leben. In diesem Buch werden erstmals umfassend die Zusammenhänge zwischen Geburtsmonat und Lebenschance vorgestellt. Es soll Ihnen helfen, die Chancen und Risiken des Geburtstags zu erkennen, um dann durch einen entsprechenden Lebensstil Ihre Zukunft und die Zukunft Ihrer Kinder günstig zu beeinflussen.

Was wir Ihnen zu diesem Buch noch sagen möchten

1. Wir erklären Ihnen die Zusammenhänge zwischen Geburtsmonat und Lebenschancen. Die Bedingungen, unter denen das Baby in Mamas Bauch heranwächst, spielen eine bedeutende Rolle, wenn es um Gesundheit und Wohlbefinden im späteren Leben geht. Der Geburtsmonat ist nach aktuellen wissenschaftlichen Erkenntnissen zwar ein sehr wichtiger, jedoch nicht der alleine ausschlaggebende Faktor in unserem Leben.

2. Es gibt nicht den optimalen Geburtsmonat: Alle Monate im Jahresverlauf halten günstige und weniger günstige Einflüsse für die Menschen bereit, die in dieser Zeit geboren wurden. Jeder Geburtsmonat bringt für die Betroffenen bestimmte Stärken und Schwächen mit, die sich auf Gesundheit, Beruf oder Partnerschaft auswirken.

3. Dennoch ist mit dem Geburtsmonat kein unabänderliches Schicksal verbunden. Die von den Wissenschaftlern ermittelten Zusammenhänge beruhen auf statistischem Datenmaterial. Wie bei allen Untersuchungen dieser Art werden Wahrscheinlichkeiten vorausgesagt, die nicht in jedem Fall auf Sie zutreffen müssen. So wird inzwischen rein statistisch in Deutschland fast jede zweite Ehe geschieden und dennoch können Sie in Ihrem Bekanntenkreis ausschließlich glückliche Ehepaare haben, die nie an eine Scheidung denken. Ein anderes Beispiel: Jedermann weiß, dass Rauchen ein Risikofaktor für Herzinfarkt ist. Dennoch erleidet nicht jeder Raucher einen Herzinfarkt und nicht jeder, der an einem Herzinfarkt erkrankt, hat auch zuvor geraucht. Ähnlich ist der Einfluss Ihres Geburtsmonats auf Ihren weiteren Lebensweg zu werten. Er erhöht die Wahrscheinlichkeit für bestimmte Lebensläufe.

Ob im späteren Leben ein bestimmtes Ereignis dann wirklich eintritt oder nicht, ist sowohl abhängig von Faktoren während der Schwangerschaft als auch vom eigenen Lebensstil in den folgenden Jahren. Sie können durch Ihr Verhalten günstige Anlagen fördern und Risiken minimieren.
Wir wünschen Ihnen viel Spaß beim Lesen und hoffen, Ihnen einige sinnvolle Vorschläge für Ihre Lebensplanung mit auf den Weg zu geben.

Petersberg, im Juli 2004

Peter Axt
Michaela Axt-Gadermann

1. KAPITEL

In diesem Kapitel erfahren Sie,

- warum eine Uhr nur die Zeit anzeigt und nicht die Zeit macht – und was das mit Astrologie zu tun hat

- dass die Trefferquoten astrologischer Vorhersagen oft unter der Zufallswahrscheinlichkeit liegen

- warum die Astrologie keine Wissenschaft ist – und dennoch zwei Drittel der Deutschen regelmäßig Horoskope lesen

Die Zukunft steht nicht in den Sternen!

»Fast alle Menschen stolpern irgendwann einmal in ihrem Leben über die Wahrheit. Die meisten springen schnell wieder auf, klopfen sich den Staub ab und eilen ihren Geschäften nach, als ob nichts geschehen sei.«

WINSTON CHURCHILL

Von Astrologen und Minalogen

Jeder möchte gerne wissen, was die Zukunft bringt, auf welche Chancen er hoffen darf und vor welchen Risiken er sich schützen sollte. Wer neugierig darauf ist, welche Aussagen der Geburtstag für das weitere Leben zulässt, kann sich in einigen Jahrzehnten vielleicht an seinen Arzt wenden. Möglicherweise wird es dann sogar einmal »Minalogen« (minas = griech. der Monat), Experten für die Wissenschaft vom Geburtsmonat, geben.

Eins steht auf jeden Fall fest: Astrologen, die bisher als alleinige »Fachleute« galten, wenn es darum ging, den Geburtstag mit dem individuellen Schicksal in Verbindung zu bringen, bekommen ernst zu nehmende Konkurrenz, die zudem seriöse wissenschaftliche Belege für ihre Aussagen präsentieren kann.

Derzeit boomt (aus Mangel an Alternativen?) der Markt für astrologische Literatur aber noch. Zeitschriften und Bücher, die über den Zusammenhang zwischen Sternenkonstellationen und unsere Zukunft berichten, treffen auf großes Interesse. In einem Zeitalter, das von Wissenschaft, Technik und Rationalismus geprägt ist, glauben Millionen Deutsche fest an den Einfluss der Sterne und des Geburtszeitpunktes auf Verhalten, Gesundheit und Lebenschancen. Nach einer Umfrage des Allensbach-Instituts aus dem Jahr 2001 studieren 77 Prozent der Westdeutschen und 78 Prozent der Ostdeutschen regelmäßig oder zumindest hin und wieder Horoskope in Zeitungen und Zeitschriften. Nicht jeder nimmt das sehr ernst. Doch immerhin ist etwa jede vierte Frau und fast jeder zehnte Mann der Meinung, man sollte sich mit Astrologie ernsthaft beschäftigen. Von diesem Glauben kann der »Wirtschaftszweig Astrologie« offensichtlich gut leben. Vorsichtigen Schätzungen zufolge setzen allein die rund 20 000 in Deutschland tätigen Astrologen jährlich etwa 500 Millionen Euro um (*www.gwup.org*).

Die Astrologie hat eine sehr lange Tradition. Ihre Wiege vermutet man im Zweistromland, dem Gebiet des heutigen Irak. Dort beobachteten schon vor unserer Zeitrechung Gelehrte den Lauf der Planeten und brachten sie in Verbindung zu Ereignissen auf der Erde. In ihrer wechselvollen Geschichte wurde die Sternenkunde entweder als Wissenschaft anerkannt oder als Scharlatanerie verdammt. Der griechische Arzt und Gelehrte Hippokrates (um 460–370 v. Chr.), auf den die Ärzte noch heute ihren Eid schwören, war der Meinung, »ein Arzt ohne Kenntnisse der Astrologie hat nicht das Recht, sich Arzt zu nennen«.

Die Akte Astrologie – der wissenschaftliche Beweis?

Erst in den 90er-Jahren des letzten Jahrhunderts rückte der betuchte Industrielle und Jetsetter Gunther Sachs der Astrologie mit wissenschaftlichen Methoden zu Leibe. Der studierte Mathematiker untersuchte in einem eigens zu diesem Zweck von ihm gegründeten »Institut zur empirischen und mathematischen Untersuchung des möglichen Wahrheitsgehaltes der Astrologie in Bezug auf das Verhalten von Menschen und deren Anlagen«, kurz IMWA, die statistischen Zusammenhänge zwischen Sternzeichen, Verhalten und Gesundheit. Dazu standen ihm die Geburtsdaten von über 1 000 000 Schweizern, die zwischen 1969 und 1994 verstorben waren, zur Verfügung. Aus dieser Datenmenge ergaben sich überraschende Ergebnisse: Für viele Sternzeichen ließen sich sogar signifikante Zusammenhänge feststellen, die er in seinem Buch »Die Akte Astrologie« veröffentlichte. Astrologiegläubige waren danach sicher, dass die Sterne Einfluss auf unser gesamtes Leben nehmen. Doch was nicht bedacht wurde: Die Zusammenhänge zwischen Sternzeichen und Lebensschicksal können auch andere Gründe als den Stand der Sterne haben.

Was nicht passt, wird passend gemacht

Bei näherem Hinsehen beruht die Astrologie nämlich keineswegs auf wissenschaftlichen Untersuchungen, gezielten Beobachtungen und Erfahrungen, sondern auf einfachen und teilweise naiv erscheinenden Analogien. Der Hamburger Astrophysiker Rainer Kayser beschreibt in der »Wiener Zeitung«, wie willkürlich die Zuordnung von Planeten zu bestimmten Charaktereigenschaften erfolgt ist: »Der Merkur, als Beispiel, hat als innerster Planet unseres Sonnensystems die kürzeste Umlaufzeit, er ist der ›schnellste‹ Planet. Und er ist stets nur kurzzeitig am Morgen- und Abendhimmel zu erspähen.« Kurzerhand wurde er von den Astrologen als Symbol für Nervosität, Beweglichkeit und Betriebsamkeit auserkoren. Noch deutlicher wird die Willkür der Zuordnung an dem Planeten Pluto, der am 21. 1. 1930 entdeckt wurde. »War die Namensgebung – eher zufällig – durch die Astronomen erfolgt, bildete sie doch sogleich die Grundlage für die Einarbeitung des neuen Himmelskörpers in das astrologische Weltbild: Pluto, benannt nach dem Gott der Unterwelt, konnte nur für Skrupellosigkeit, Gewalt, Verbrechen und Katastrophen stehen« (Kayser 1997).

Alles Hokuspokus?

Auch mit den Zukunftsprognosen der Sternenkundigen war es in der Vergangenheit leider ähnlich schlecht bestellt wie mit den wissenschaftlichen Belegen. Seit 1991 setzt sich die bei Darmstadt ansässige »Gesellschaft zur wissenschaftlichen Untersuchung von Parawissenschaften« (GWUP) mit der Trefferquote der Astrologen auseinander. Doch laut GWUP haben zurückliegende Untersuchungen ergeben, dass nur etwa vier Prozent der konkreten Prognosen zutreffen. Hätten Sterndeuter, Wahrsager und Hellseher mit ihren Vorhersagen für 2002 Recht behalten, läge Stuttgart längst in Trümmern. Laut GWUP hatte der Münchener Astrologe und Nostradamus-Experte Kurt Allgeier eine atomare Explosion mit sieben Millionen Toten vorausgesehen. Andere Sternenkundige prophezeiten Anschläge auf den Berliner Reichstag und das Nato-Hauptquartier in Brüssel, verheerende Erdbeben in Aachen, Gefahr für Hamburg »durch Wasser, Gift, biologische und chemische Waffen« oder Straßenkämpfe in Frankfurt. Glücklicherweise traf keine dieser Vorhersagen zu. Doch auch bei erfreulichen Ereignissen war die Trefferquote oft schlechter als die Zufallswahrscheinlichkeit: Die Wirtschaft nahm im Sommer 2002 nicht den prophezeiten rasanten Aufschwung, Osama bin Laden wurde nicht gefasst und Babs und Boris kamen nicht wieder zusammen (*www.gwup.org*).

Im Sommer 2002 analysierte die »angeblich beste Astrologin« Elizabeth Teissier den Stand der Sterne und war begeistert: Große Gewinnchancen sind an der Börse zu erwarten. »Wer im August anlegt, kann im Dezember schon die Früchte ernten«, teilte sie am 8. Juli den interessierten Lesern der »Schweizer Illustrierten« mit. Doch wer sich auf den astrologischen Rat verließ, schaute nach Weihnachten möglicherweise ziemlich alt aus. Am 8. Juli lag der Schweizer Börsenindex SMI noch bei 6002 Punkten, Ende Dezember notierte er bei 4630 Punkten. »Alles Hokuspokus« titelt deshalb der Schweizer Autor Balz Spöri in der »Schweizer Sonntagszeitung«. Seiner Meinung nach ist es reiner Zufall, wenn eine astrologische Prognose zutrifft. Zwischen Ereignissen auf der Erde und dem Stand der Sterne »bestehe schlicht und einfach kein Zusammenhang« (*www.livenet.ch*).

Von Klapperstörchen und Geburtenzahlen

Abgesehen davon, dass ferne Gestirne offensichtlich keinen Einfluss auf das Schicksal des einzelnen Menschen nehmen, ist unklar, weshalb dem Stand der Planeten zum exakten Zeitpunkt der Geburt und nicht etwa zum Zeitpunkt der Empfängnis so viel Bedeutung zukommen soll. Schließlich ist die Geburt ein oft langwieriger Prozess. »Entscheidet der Augenblick, in dem die Fruchtblase platzt? Der Austritt des Kopfes – oder der Füße? Das

Durchtrennen der Nabelschnur? Oder ist es vielleicht jener zufällige Moment, in dem die Hebamme sich erinnert, zur Uhr zu schauen und den Zeitpunkt der Geburt zu notieren, der über das Lebensschicksal des neugeborenen Menschen entscheidet?«, fragt sich deshalb auch der Astrophysiker Kayser.

Die Bedeutung des Geburtszeitpunktes bzw. des Geburtsmonats für unser weiteres Leben liegt wohl nicht in der jeweiligen Konstellation der Planeten. Dennoch ist es wahrscheinlich kein Zufall, dass man Sternbilder und Planetenkonstellationen seit jeher mit dem Schicksal der Menschen in Verbindung gebracht hat. Die Beobachtungen der Sternkundigen aus früheren Epochen, dass der Zeitpunkt der Geburt einen Einfluss auf das ganze Leben haben kann, sind möglicherweise sogar richtig. Doch die Rückschlüsse, der Stand der »Schicksalsplaneten« am Geburtstag oder gar in der »Geburtsminute« wäre verantwortlich für Gesundheit, Partnerwahl und beruflichen Erfolg, sind sicher falsch. Hier werden ganz klar Ursache und Wirkung vertauscht. Wenn eine Uhr anzeigt, dass es halb drei ist, zeigt sie nur die Zeit an, aber sie macht die Zeit nicht. Ähnlich ist die Konstellation der Planeten zu betrachten: Der Stand der Sterne diente im Altertum als Kalender, um sich im Laufe des Jahres orientieren zu können. Der Stand der Sterne zeigt die Tage und Monate an, er kann aber weder die Jahreszeiten noch unser Leben beeinflussen.

Der Lauf der Gestirne und das Schicksal der Menschen auf der Erde sind zwei voneinander unabhängige Faktoren, die fälschlicherweise zusammengeführt wurden, in Wahrheit aber keinerlei Einfluss aufeinander nehmen können. Ähnlich falsche »statistische Zusammenhänge« könnte man auch zwischen dem Rückgang der Störche und der sinkenden Geburtenrate in Deutschland herstellen. Seit 1960 ging in Deutschland die Zahl der Störche, bedingt durch veränderte Umweltbedingungen, kontinuierlich zurück. Im gleichen Zeitraum wurden in Deutschland weniger Menschen geboren. Wenn man diese beiden Zahlen in einen statistischen Zusammenhang bringt, kommt man zwangsläufig zu dem Schluss, dass der Rückgang der Störche schuld daran ist, dass weniger Kinder in Deutschland geboren werden. Hier werden jedoch zwei Größen miteinander verglichen, die voneinander völlig unabhängig existieren. Denn nicht ein Mangel an Klapperstörchen, sondern die in dieser Zeit veränderten Familien- und Berufsplanungen sind schuld am Geburtenrückgang in Deutschland.

Ähnlich verfahren auch die Sterndeuter früherer Zeiten und die heutigen Astrologen: Sie übersehen, dass ganz irdische Faktoren das Leben der Menschen auf der Erde bestimmen. Mittlerweile haben die Astrologen aber Konkurrenz bekommen. Wissenschaftler decken immer mehr Zusammenhänge zwischen Geburtsmonat und Chancen bzw. Risiken für das weitere Leben auf. Der Zeitpunkt der Zeugung bzw. der Geburt bestimmt die Faktoren, die während der Schwangerschaft und in den ersten Lebensmonaten auf uns einwirken. Diese »early life factors« können die Entwicklung des Kindes in allen Bereichen sowohl fördern als auch hemmen. Sie scheinen die Anfälligkeit für bestimmte Erkrankungen, individuelle Schwachstellen oder auch eine besonders stabile Gesundheit in den späteren Lebensjahren zu beeinflussen. Möglicherweise werden sogar Vorlieben und Abneigungen oder bestimmte Charaktereigenschaften durch die frühen Lebensphasen geprägt.

Das Wichtigste in Kürze

1. Der Wunsch, mehr über die individuelle Zukunft und das eigene Lebensschicksal zu erfahren, ist so alt wie die Menschheit.
2. Mangels Alternativen glauben auch in unserem von Wissenschaft und Technik geprägten Zeitalter Millionen von Menschen an den Einfluss der Sterne.
3. Tatsächlich bestimmt der Zeitpunkt der Geburt zu einem gewissen Maße unsere Zukunft. Doch das hat nichts mit Planetenkonstellationen zu tun, sondern beruht auf Faktoren, die während der Schwangerschaft und in den ersten Lebensmonaten auf den werdenden Menschen einwirken.

2. KAPITEL

In diesem Kapitel erfahren Sie,

- wie neun Monate im Mutterleib unser gesamtes Leben beeinflussen

- was die fetale Programmierung bewirkt

- dass die Lebenserwartung zu etwa 25 Prozent vom Geburtsmonat beeinflusst wird

Programmierung im Mutterleib

»Jedem Anfang
wohnt ein Zauber inne ...«
HERMANN HESSE

Die Weichen für unser Leben werden in Mamas Bauch gestellt

Wann sollte man spätestens beginnen, sich um Gesundheit und Wohlbefinden zu kümmern? In der Jugend, im frühen Erwachsenenalter oder wenn die ersten »Zipperlein« nicht mehr zu übersehen sind? Viel, viel früher – da sind sich die Experten einig – ist es möglich, einen wichtigen Beitrag für lebenslange Gesundheit zu leisten. Doch hier sind wir auf die Mithilfe unserer Eltern angewiesen. Denn die Weichen für unser späteres Lebensschicksal werden teilweise schon vor der Geburt gestellt. Möglicherweise sind die neun Monate im Mutterleib einer der wichtigsten Entwicklungsabschnitte, wenn es um Gesundheit und Wohlbefinden geht.

Nach der Geburt geben die stolzen Eltern meist umgehend die Geburtsmaße wie Gewicht, Körpergröße und Kopfumfang und natürlich auch das Geburtsdatum des neuen Erdenbürgers an Freunde und Verwandte weiter oder veröffentlichen diese in Geburtsanzeigen. Allein aus diesen Messwerten ergeben sich, da ist sich der britische Wissenschaftler und Epidemiologe David Barker sicher, schon Hinweise auf zukünftige gesundheitliche Stärken und Schwächen des Neuankömmlings. Möglicherweise hängt von der Ernährung des Babys im Mutterleib, vom Geburtsmonat und dem Verhalten der Mutter ab, ob der Nachwuchs später zu Übergewicht, Allergien oder Karies neigt, optimistisch durchs Leben geht, heiratet oder Single bleibt.

Um die Zusammenhänge zwischen Geburtsmonat, Einflüssen im Mutterleib und späteren Lebenschancen besser verstehen zu können, muss man zunächst einen Blick auf die Entwicklung des Kindes während der Schwangerschaft werfen. Einflüsse, denen das Kind in dieser Phase ausgesetzt ist, prägen seine körperliche, geistige und emotionale Entwicklung auf Dauer. Mediziner nennen diesen Vorgang »fetale Programmierung«. Im Bauch der Mutter wird unser späteres Schicksal durch die Qualität der Nährstoffversorgung, die hormonelle Situation, durch Infekte, Sonnenscheindauer, Temperatur, aber auch durch Geräusche, Gerüche und mütterliche Gefühle bestimmt. Das Baby lebt in der Gebärmutter nicht in einer abgeschlossenen Welt, sondern steht mit seiner Umwelt »draußen« in engem Kontakt. Diese Umwelt verändert sich im Jahresverlauf. Nicht nur die Sonnenscheindauer, die Höhe der Temperatur und die Art der Ernährung sind von der Jahreszeit abhängig. Auch Infektionen treten zu bestimmten Zeiten im Jahr häufiger auf und selbst die Hormone unterliegen jahreszeitlichen Schwankungen. Je nachdem, in welchem Monat wir geboren wurden, sind wir in den entscheidenden, das Leben prägenden Entwicklungsphasen unterschiedlichen Umwelteinflüssen ausgesetzt. Es ist deshalb nicht verwunderlich, dass der Geburtsmonat Aussagen über unser Leben möglich macht. Zum besseren Verständnis sollte man sich einmal die rasante Entwicklung des Embryos im Mutterleib vor Augen führen.

Von null auf neun – die Meilensteine der Entwicklung

Die ersten acht Wochen

In dieser Zeit wird aus einem Zellhaufen ein Embryo von der Größe eines Gummibärchens. Augen, Ohren, Arme und Beine werden ansatzweise sichtbar. Am Ende der sechsten Woche beginnt das Herz des Kindes zu schlagen, das Nervensystem und andere innere Organe werden in ihren Grundzügen angelegt. Ungünstige Umweltbedingungen können jetzt zu bleibenden Schäden an diesen Organen führen. Eine Rötelninfektion der Mutter verursacht im ersten Monat häufig Missbildungen an den Augen, im zweiten Monat Schäden am Herz und Nervensystem. Ein Folsäuremangel kann in dieser Zeit zu Entwicklungsschäden der Nervenbahnen und zu einem offenen Rücken (Spina bifida) führen.

Der dritte und vierte Monat

Gegen Ende des vierten Monats ist das Baby im Mutterleib bereits 20 Zentimeter groß und bringt fast 250 Gramm auf die Waage. Es fängt an zu hören und nimmt Geräusche von außen und aus dem Bauch der Mutter wahr. Die Zähne im Kiefer sind angelegt, das noch aus Knorpel bestehende Skelett beginnt zu verknöchern. Ein Mangel an Vitamin D, Sonnenlicht und Kalzium in dieser Entwicklungsperiode kann die Knochenfestigkeit und die Entwicklung der Zähne beeinträchtigen und die Anfälligkeit für Knochenbrüche, Osteoporose und Karies im späteren Leben erhöhen.

Der fünfte und sechste Monat

Das Baby ist am Ende des sechsten Monats etwa 30 Zentimeter groß und wiegt fast ein Kilogramm. Es ist bis zum Ende dieses Monats fast vollständig entwickelt, Finger und Zehen sind nun zu erkennen und haben bereits Nägel. Diese beiden und die folgenden Monate sind eine besonders wichtige Zeit für die Entwicklung und Differenzierung des Gehirns. Infektionen, Stress und Fehlernährung in dieser Zeit können dem Gehirn bleibende Schäden zufügen.

Der siebte, achte und neunte Monat

Zwischen dem siebten und achten Monat wächst das Baby auf 40 bis 45 Zentimeter heran und wiegt bei der Geburt etwa 3500 Gramm. Die inneren Organe entwickeln sich weiter. Das Immunsystem nimmt allmählich seine Arbeit auf, voll funktionsfähig werden die Abwehrkräfte allerdings erst einige Monate nach der Geburt. Eine unausgewogene Ernährung kann das wichtige Abwehrsystem bereits im Mutterleib auf Dauer schwächen. Von besonderer Bedeutung für unser späteres Denken, Fühlen und Handeln ist in dieser Zeit der Einfluss der männlichen und weiblichen Geschlechtshormone auf die Entwicklung und Ausprägung der beiden Hirnhälften (Hemisphären).

Nach der Geburt

In den Monaten nach der Geburt reifen und entwickeln sich die meisten Organe, insbesondere Gehirn, Nerven- und Immunsystem weiter. Infektionen können in dieser

Zeit unter Umständen die noch nicht voll ausgereiften Organe lebenslang schädigen. Der Kontakt mit allergieauslösenden Stoffen erhöht jetzt das Risiko einer späteren Allergieentwicklung.

Zivilisationskrankheiten, weil Mama sich falsch ernährt hat?

Franzosen leiden deutlich seltener unter Herzinfarkt, Arterienverkalkung und Schlaganfall als die meisten anderen Europäer. Bisher brachte man diesen Gesundheitsvorteil vor allem mit dem regelmäßigen Konsum größerer Mengen Rotwein und dem häufigen Verzehr von Fisch und Olivenöl in Verbindung. Möglicherweise sind die Ursachen für die robuste Gesundheit der Franzosen aber bereits im ausgehenden 19. Jahrhundert zu finden. Zu dieser Zeit wurden in Frankreich – im Gegensatz zu anderen europäischen Ländern – bereits Ernährungs- und Gesundheitsprogramme für werdende Mütter durchgeführt. Es wurde den Frauen geraten, sich möglichst ausgewogen und vitaminreich zu ernähren und Fleisch und Fleischprodukte in Maßen zu verzehren, um so beste Entwicklungsmöglichkeiten für das Baby zu schaffen. Der Wissenschaftler und Epidemiologe David J. P. Barker von der Universität Southampton, Großbritannien, ist der Meinung, dass dieser frühe Einsatz für eine bessere Versorgung von Mutter und Kind sich bis heute auf die gute Gesundheit der Franzosen auswirkt (Barker 1999). Eine ausgewogene Ernährung, eine stabile mütterliche Gesundheit und wenig Stress während der Schwangerschaft beeinflussen unter anderem das Geburtsgewicht des Babys günstig. Die Gramm und Kilo, die wir am Geburtstag auf die Waage bringen, scheinen wiederum unser späteres Schicksal entscheidend zu prägen. Barker hat nämlich auch die Zusammenhänge zwischen Geburtsgewicht und späteren Gesundheitsrisiken untersucht und festgestellt, dass eine Unter- oder Fehlernährung des Kindes im Mutterleib nicht nur für ein zu geringes Geburtsgewicht verantwortlich ist, sondern darüber hinaus auch einen Risikofaktor für Zuckerkrankheit, Übergewicht im Erwachsenenalter, Bluthochdruck und Herzkrankheiten darstellt (Barker 1998). Wird das Baby im Mutterleib nur unzureichend mit Nährstoffen versorgt, setzt der Organismus des Kindes seine eigenen Schwerpunkte: Priorität hat zunächst die Versorgung des Gehirns – und das geht in diesem Fall auf Kosten der anderen Organe und der Muskulatur – mit weit reichenden Folgen: Organe, die in ihrer Entwicklung gestört wurden, sind nicht voll funktionstüchtig und machen uns so anfällig für bestimmte Krankheiten oder Schwächen. Im weitesten Sinne bestimmen diese Einflussfaktoren auch unser Verhalten und unsere körperliche Leistungsfähigkeit. Sind Mütter nämlich während der Schwangerschaft mangelernährt, befindet sich der Körper in einem Stresszustand, Stresshormone werden ausgeschüttet und gelangen über die Plazenta in den Körper des Kindes. Dort führen sie zu bleibenden Veränderungen an den Gefäßen und der Blutdruckregulierung und erhöhen dadurch das Risiko für Bluthochdruck, Herz- und Gefäßerkrankungen (Lehmann 1999). Neben der Ernährung beeinflussen auch andere saisonal unterschiedliche Umweltfaktoren wie Temperatur, Infektionen, Hormonspiegel sowie Tages- und Nachtlängen die Lebenschancen in Abhängigkeit vom Geburtsmonat.

Ernährung

Im Sommer wird häufiger vitaminreiches frisches Obst, Salat und Gemüse verzehrt. Im Winter greifen die meisten zu fett- und kohlenhydratreicheren Nahrungsmitteln, Obst und Gemüse haben dann oft einen geringeren Gehalt an Mikronährstoffen. Fehlen wichtige Vitalstoffe in sensiblen Phasen der kindlichen Entwicklung, kann das weit reichende Folgen für die Gesundheit haben.

Hormone

Tages- und Nachtlängen unterliegen innerhalb eines Jahres starken Schwankungen. Forscher haben jetzt festgestellt, dass die Dauer des Tageslichtes sowohl die Hormonproduktion als auch die Bildung von Nervenbotenstoffen beeinflusst (Wehr 1998). Im Sommer werden unter dem Einfluss des Sonnenlichts große Mengen des Wohlfühlhormons Serotonin produziert, der Winter steht verstärkt im Zeichen des Schlafhormons Melatonin. Das männliche Geschlechtshormon Testosteron weist vor allem im Herbst einen hohen Spiegel auf und sinkt im Frühjahr auf ein niedriges Niveau ab. Diese Hormonschwankungen betreffen auch werdende Mütter und ihre Kinder.

Temperatur

Temperatureinflüsse zum Zeitpunkt der Empfängnis, während der Schwangerschaft und in den ersten Lebensmonaten können sich sowohl günstig als auch ungünstig auswirken. So weisen einige Untersuchungen auf eine erhöhte Rate an Fehlbildungen des Neuralrohrs hin, wenn die Schwangere in den ersten drei Monaten häufig die Sauna besucht oder aus anderen Gründen hohen Temperaturen ausgesetzt ist. Auch auf die Väter wirken sich Temperatureinflüsse positiv oder negativ aus. So ist die Spermienqualität von Männern, die im Freien arbeiten, in den heißen Sommermonaten deutlich schlechter als in den Wintermonaten (Centola, Eberly 1999). Dies kann sowohl Bedeutung für Zeugungsfähigkeit als auch für die Gesundheit des Embryos haben.

Infektionen

Starken saisonalen Schwankungen sind Art und Häufigkeit von Infektionen unterworfen. Sie beeinflussen die kindliche Entwicklung unterschiedlich, je nachdem, in welcher Phase der Schwangerschaft die Mutter an einem Infekt erkrankt.

Der Geburtsmonat zwingt nicht, er macht nur geneigt

Mit dem Einfluss des Geburtsmonats auf das gesamte weitere Leben beschäftigen sich die Wissenschaftler Dr. Gabriele Doblhammer und Prof. James W. Vaupel vom Max-Planck-Institut für demographische Forschung in Rostock seit Jahren besonders intensiv. Sie sind der Meinung, dass die frühen Lebensphasen im Mutterleib und in den ersten Lebensjahren unsere weitere Entwicklung entscheidend mitbestimmen. Aufgrund dieser »fetalen Programmierung« sind bei Kenntnis des Geburtsmonats gewisse Aussagen über Lebenschancen und -risiken eines Menschen möglich. Allerdings – und das ist das Gute an der Sache – zwingt uns der Geburtszeitpunkt nicht in ein starres Lebenskonzept. Durch unseren Lebensstil können wir vielfach Risiken in Chancen umwandeln. Immerhin soll die Lebenserwartung durch unseren Geburtsmonat zu etwa 25 Prozent beeinflusst werden. Ein weiteres Viertel geht auf das Konto der Erbanlagen. Doch etwa die Hälfte der

Faktoren, die über Gesundheit, Krankheit und Lebensdauer entscheiden, hängt von unserem Lebensstil ab – und hier kann jeder aktiv eingreifen (Doblhammer, Vaupel 2001).

Sollte man den Geburtsmonat planen?

Wäre es nicht schön, wenn wir die Zukunft unserer Kinder optimal vorbereiten könnten? Wenn wir sie schon von Geburt an vor bestimmten Krankheiten bewahren und sie beruflich in die richtige Richtung lenken könnten? Kann das Wissen über den Einfluss des Geburtsmonats auf Gesundheit, Karriere und Partnerschaft uns selber im weiteren Leben bei Entscheidungen helfen? Im Prinzip ja. Allerdings müssen Sie wissen, dass es nicht den einzigen, optimalen Geburtsmonat gibt. Jeder Monat bietet Vor- und Nachteile für das weitere Leben. Die gezielte Planung des Geburtsmonats kann dann Sinn machen, wenn bestimmte Erkrankungen in der Familie gehäuft auftreten. So lässt sich durch die Auswahl des Geburtsmonats unter anderem das Risiko für Allergien, Gewichtsprobleme, Zuckerkrankheit oder Herz-Kreislauf-Erkrankungen mindern. Auch für Erwachsene bringt das Wissen um den Geburtsmonat Vorteile. Wer seine Risiken kennt, kann besser vorbeugen.

Das Wichtigste in Kürze

1. Die Zeit im Mutterleib ist eine wichtige Phase in unserem Leben. Einflüsse, denen wir in dieser Phase ausgesetzt sind, prägen die körperliche, geistige und emotionale Entwicklung auf Dauer.

2. Zu den wichtigen Faktoren zählen Temperatur, Infekte, Sonnenscheindauer, Hormonspiegel und Ernährung der Mutter. Diese unterliegen jahreszeitlichen Schwankungen und wirken deshalb je nach Geburtsmonat in unterschiedlicher Intensität auf uns ein.

3. Es ist deshalb möglich, aufgrund des Geburtsmonats Aussagen über die weiteren Lebenschancen zu machen und Krankheiten durch eine entsprechende Lebensweise gezielt vorzubeugen.

3. KAPITEL

In diesem Kapitel erfahren Sie,

- warum Frauen meist Partner wählen, die im Jahresverlauf früher geboren wurden
- dass November-Männer besonders oft vor den Scheidungsrichter treten
- weshalb die Geburtsmonate von Ehepartnern oft dicht beieinander liegen

Mai-Frau sucht Dezember-Mann

»Liebe – sagt man schön und richtig –
ist ein Ding, das äußerst wichtig.
Nicht nur zieht man in Betracht,
was man selber damit macht,
nein, man ist in solchen Sachen
auch gespannt was andre machen.«
WILHELM BUSCH

Warum heiratet Herr Maier Frau Müller und nicht Frau Schmitt?

Eine gute Beziehung ist wie ein alter Wein – sie wird mit den Jahren noch besser. Doch Heiraten ist nicht mehr modern, die Zahl der jährlichen Eheschließungen geht seit Jahrzehnten kontinuierlich zurück. Während 1950 von 1000 Einwohnern jährlich 110 (11 Prozent) den Bund fürs Leben schlossen, wagten nach Angaben des Statistischen Bundesamtes in Wiesbaden im Jahr 2000 nur noch 51 von 1000 Personen (5,1 Prozent) den Schritt in die Ehe.
Heute gibt es auf den ersten Blick nur noch drei Gründe für eine Eheschließung: Ehegattensplitting, Planung von Nachwuchs, oder der Nachwuchs ist bereits unterwegs. Aus diesen nüchternen Feststellungen geht jedoch nicht hervor, warum Herr Maier Frau Müller bevorzugt und sich nicht für Frau Schmitt entscheidet. Bisher wurden in diesem Zusammenhang vor allem ähnlicher Bildungsstand, gemeinsame Interessen oder Attraktivität genannt. Doch

wahrscheinlich gibt es noch einen weiteren Grund, warum zwei Menschen einander sympathisch sind. Möglicherweise fühlt sich Herr Maier zu Frau Müller hingezogen, weil er im Dezember und sie im Mai geboren wurde. Das können Sie nicht nachvollziehen? Wir waren auch zunächst skeptisch, fanden dann aber doch einige sehr spannende Hinweise, die wir Ihnen nicht vorenthalten möchten. Inzwischen gilt als sicher, dass Partnerwahl oder Berufswunsch häufig in einem statistisch abgesicherten Zusammenhang zum Geburtsmonat stehen. Die genauen Gründe für diese Vorlieben sind derzeit aber noch nicht erforscht. Wahrscheinlich wirkt sich der Geburtsmonat auch auf soziale Verhaltensweisen, Charaktereigenschaften, Vorlieben und Abneigungen aus – und das kann Auswirkungen auf unsere spätere Partnerwahl haben.

Gleich und Gleich gesellt sich gerne?

»Die Ehe ist eine Wissenschaft«, meinte nicht nur der französische Schriftsteller Honoré de Balzac. Auch Marlis Moritz dachte sich das und wertete die Geburtsdaten von 2 549 000 Männern und Frauen aus, die zwischen 1995 und 2000 in Deutschland geheiratet haben. Sie untersuchte, welche Faktoren eine Rolle spielen, wenn zwei Menschen sich finden. Geht es um Beziehungen, machen zwei Sprüche die Runde: »Gleich und Gleich gesellt sich gerne« oder aber »Gegensätze ziehen sich an«.
Das Ergebnis verblüffte: Bei Partnerschaften scheint sich das »Gleichheitsprinzip« zu bewähren. Offensichtlich findet man häufiger zueinander, wenn die Geburtsmonate relativ dicht beieinander, maximal vier Monate voneinander entfernt liegen. Dabei bevorzugen Frauen meist Part-

ner, die im Jahresverlauf früher geboren wurden, während Männer eine Partnerin auswählen, die später Geburtstag hat. Besonders häufig findet man hier Verbindungen zwischen Personen, deren Geburtsmonate gleich sind oder maximal zwei Monate voneinander entfernt liegen. Weiter auseinander liegende »Geburtsmonate« finden eher selten zueinander (Moritz 2003). Zu einem ähnlichen Ergebnis kamen auch Kop und Heuts. Die beiden Verhaltensforscher von der Universität Amsterdam analysierten bereits vor 30 Jahren die Daten von fast 3500 Ehepaaren. Auch sie stellten damals schon fest, dass Menschen mit entfernt liegenden Geburtsdaten seltener heiraten und – wenn sie es dennoch tun – sich auch häufiger scheiden lassen (Kop, Heuts 1974). Über die Gründe kann man nur spekulieren. Möglicherweise sind Partner, deren Geburtstage im Jahresverlauf nahe beieinander liegen, in ihren Denk- und Lebensgewohnheiten, Vorlieben und Abneigungen ähnlich, verstehen dadurch einander besser und verfügen so über ein geringeres Streitpotential.

Explosive Konstellationen in der Partnerschaft

Wissenschaftler haben sich in den letzten Jahrzehnten nicht nur mit Eheschließungen, sondern auch mit den Risiken einer Scheidung in Abhängigkeit vom Geburtsmonat beschäftigt. So ist die Wahrscheinlichkeit einer Scheidung bei einer Ehe zwischen März-Männern und Juli-Frauen achtmal höher, als statistisch erwartet. Höhere Scheidungsraten findet man auch bei den Konstellationen Februar-Mann und Mai-Frau, Juli-Mann und Februar-Frau sowie bei Oktober-Männern, die mit Juni-Frauen verheiratet sind. Unabhängig vom Geburtsdatum der Frau scheinen Männer, die in der zweiten

Novemberhälfte Geburtstag haben, nicht für die Institution Ehe geschaffen zu sein: Sie lassen sich doppelt so häufig scheiden wie Männer, die in den anderen Monaten auf die Welt kamen (*www.lexiline.com*, Kop, Heuts 1974).

Auf jeden Topf passt ein Deckel – wer heiratet wen?

In diesem Kapitel finden Sie eine Tabelle mit den Geburtsmonaten, die besonders häufig oder besonders selten heiraten. Sicher ist es spannend, hier nachzusehen, ob Übereinstimmungen mit Ihrer eigenen Beziehung bestehen. Insgesamt sind 144 Kombinationen zwischen den einzelnen Geburtsmonaten möglich. Tatsächlich gibt es Geburtsmonate, die sich gegenseitig besonders sympathisch und anziehend oder eher langweilig und unsympathisch finden. Wir haben 27 Paarkombinationen gefunden, die statistisch signifikant häufiger heiraten und 22 Kombinationen, die auffallend selten eine Verbindung eingehen. Sind Sie aber nicht enttäuscht, wenn Sie Ihre Partnerkonstellation in unserer Tabelle nicht finden, denn es gibt immerhin noch 95 Kombinationsmöglichkeiten zwischen den Geburtsmonaten, die durchschnittlich häufig gewählt werden. Doch das alles ist Statistik! Im wirklichen Leben gibt es gute und schlechte Partnerschaften zwischen allen Geburtsmonaten. Sollten Sie in einer scheinbar »unpassenden« Partnerschaft oder Ehe leben, ist das deshalb kein Grund zur Sorge. Die von Moritz und Kop vorgelegten Daten dürfen nicht als unabdingbare Voraussetzung für eine funktionierende Beziehung oder Ehe gesehen werden. Der Geburtsmonat ist nur einer von vielen Faktoren, der zu einer gelingenden Partnerschaft beitragen kann.

Wer heiratet wen?

Männer	Jan	Feb	Mär	Apr	Mai	Jun	Jul	Aug	Sept	Okt	Nov	Dez
Frauen												
Jan	++	0	++	–	0	–	0	–	0	++	–	0
Feb	0	++	0	++	0	0	–	0	0	–	0	–
Mär	0	–	0	0	0	0	0	–	0	0	0	0
Apr	0	0	0	0	0	++	++	0	–	0	–	0
Mai	0	–	0	–	0	–	0	0	0	0	0	++
Jun	0	0	0	0	++	++	0	0	0	–	++	0
Jul	0	0	–	0	0	++	0	++	0	++	0	–
Aug	0	0	0	0	++	0	0	++	–	0	0	0
Sept	–	0	0	0	0	0	0	0	++	0	0	0
Okt	++	++	0	0	0	–	0	++	++	0	0	0
Nov	0	0	0	0	0	0	0	–	0	++	++	0
Dez	0	0	0	0	–	0	++	++	++	0	++	0

++ diese Geburtsmonate heiraten besonders häufig
– diese Geburtsmonate finden besonders selten zusammen
0 diese Geburtsmonate heiraten durchschnittlich häufig

Abb 1: Bevorzugte bzw. seltener gewählte Ehepartner nach Geburtsmonaten geordnet. Eine Zusammenfassung der Forschungsergebnisse, die von Kop 1974 und von Moritz 2003 veröffentlicht wurden.

Das Wichtigste in Kürze

1. Der Geburtsmonat scheint in einigen Fällen unsere spätere Partnerwahl zu beeinflussen. In mehreren Untersuchungen konnte nachgewiesen werden, dass Partner mit bestimmten Geburtsmonaten häufiger zusammenfinden, andere hingegen auffallend selten ein Paar werden.
2. Tendenziell lässt sich feststellen, dass Paare häufiger heiraten, wenn die Geburtsmonate relativ dicht beieinander, maximal vier Monate voneinander entfernt liegen.
3. Frauen wählen dabei meist Partner, die im Jahresverlauf früher geboren wurden, während Männer eine Partnerin auswählen, die später Geburtstag hat.
4. Menschen, deren Geburtsmonate gleich sind oder maximal zwei Monate voneinander entfernt liegen, finden sich offensichtlich besonders sympathisch.

4. KAPITEL

In diesem Kapitel erfahren Sie,

- weshalb der Oktober und nicht der Mai der Wonnemonat ist

- warum es Jahreszeiten für Jungen- und für Mädchengeburten gibt

- weshalb schlanke Frauen mehr Mädchen zur Welt bringen

- wie der Geburtsmonat der Großmutter die Zahl der Enkel beeinflusst

Von Herbst-Jungen und April-Mädchen

»Wo Kinder sind,
da ist ein goldnes Zeitalter.«
NOVALIS

Nicht der Mai, der Oktober ist der Monat der Liebe

Tierbabys kommen überwiegend im Frühjahr auf die Welt. Diese Jahreszeit ist besonders günstig für die Aufzucht der Nachkommen. Neben warmen Temperaturen und Sonnenschein gibt es dann auch Nahrung im Überfluss. Damit da-

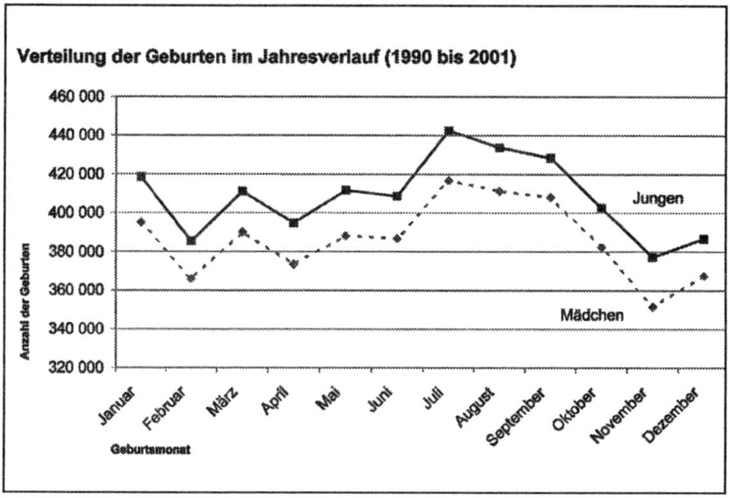

Abb. 2: Monatliche Verteilung der rund 4 600 000 Geburten zwischen 1990 und 2001. Auffallend ist ein starker Anstieg der Geburtenzahlen im Sommer, vor allem im Juli und einem Geburtentief im November.
(Quelle: Statistisches Bundesamt Wiesbaden)

bei nichts schief geht, hat die Natur die Paarungszeit jeweils auf eine kurze Phase im Jahresverlauf begrenzt.
Die Geburtstage menschlicher Nachkommen verteilen sich auf das ganze Jahr. Dennoch ist es erstaunlich, dass seit über 40 Jahren die meisten Menschen im Juli geboren werden. Jahr für Jahr erblicken hingegen die wenigsten Kinder im November das Licht der Welt. Im Volksmund gilt in der Regel das Frühjahr als Zeit der Liebe, der Mai als der Wonnemonat. Für die Zeugung von Kindern scheint der Frühling aber nicht die bevorzugte Jahreszeit zu sein, denn die Babys, die im Juli auf die Welt kommen, wurden im Herbst gezeugt. Die Natur hat dies auch beim Menschen gut eingerichtet: Kinder, die im Sommer das Licht der Welt erblicken, werden in optimale Umweltbedingungen hineingeboren.
Unabhängig davon ist der Oktober der Liebesmonat schlechthin, denn im Herbst kommt es sowohl bei Frauen als auch bei Männern zu einem rasanten Anstieg des Liebeshormons Testosteron, das nachweislich eine luststeigernde Wirkung hat (Kimura 1994, Kimura 1992, Reinberger 1978, Orlock 1995, Moffat 2000).
Im Frühling und Sommer hingegen fallen wir dann in ein regelrechtes »Testosteronloch«. Doch in dieser Zeit, vor allem in den Frühjahrsmonaten, lassen sich – wie japanische Forscher festgestellt haben – bei Männern und Frauen die höchsten Spiegel weiblicher Östrogene nachweisen.

Junge oder Mädchen – das Geheimnis des Geschlechterverhältnisses

Sie planen einen Stammhalter oder soll das nächste Kind ein Mädchen sein? Viele Eltern würden gerne Einfluss auf das Geschlecht des Nachwuchses nehmen. Doch Mutter

Natur macht ihre Rechnung meist ohne Rücksicht auf die Wünsche von Mama und Papa. Wir verraten Ihnen aber, wie Sie Mutter Natur austricksen können. Beachten Sie folgende Punkte, dann erhöhen Sie die Wahrscheinlichkeit für das Wunschgeschlecht Ihres Babys:
Wenn es ein Mädchen werden soll, dann ist der ideale Zeugungszeitpunkt der März oder April. Die Mutter sollte in dieser Zeit auf ihr Gewicht achten und es darf dann auch etwas hektischer in ihrem Leben zugehen.
Wünschen Sie sich aber einen Jungen, dann sollten Sie das »Projekt« zwischen September und November, am besten im Oktober starten. Die Mutter darf in dieser Zeit ruhig ein paar Pfündchen mehr wiegen, Stress und Hektik sollten Sie in dieser Phase vermeiden – am besten, Sie planen gleich einen Urlaub.
Sie glauben diesen Empfehlungen nicht? Dann lesen Sie doch, was die Wissenschaft dazu zu sagen hat.

Der Herbst bringt Söhne, der April schenkt Töchter

Mutter Natur scheint in einigen Monaten des Jahres den Jungen den Vorzug zu geben, in anderen den Mädchen. Wenn Sie das Geschlecht des Nachwuchses beeinflussen möchten, sollten Sie die individuellen »Startfenster« berücksichtigen.
Das Team um den italienischen Frauenarzt Dr. Angelo Cagnacci hat zwischen 1995 und 2001 mehr als 14 000 Schwangere in der Poliklinik für Gynäkologie in Modena betreut. Durch ausführliche Befragungen und Untersuchungen ließ sich in mehr als 95 Prozent der Fälle der Zeitpunkt der Empfängnis relativ exakt ermitteln. Die bes-

ten Chancen, einen Jungen zu zeugen, haben Eltern demnach in den Herbstmonaten zwischen September und November mit den besten Bedingungen im Oktober. Hier kamen auf 100 Mädchen- 115 Jungengeburten. Im März und vor allem im April werden vor allem Mädchen »auf den Weg« gebracht: Auf 100 Mädchen kommen dann nur knapp 95 Jungen. Beide Ergebnisse weichen deutlich vom Durchschnitt ab, der in unseren Breiten bei etwa 100 Mädchengeburten zu 106 Jungengeburten liegt.
Über die Gründe für diese Differenzen kann man derzeit nur spekulieren. Tiere bringen ihre Jungen bevorzugt so auf die Welt, dass der Geburtstermin in die warme, für das Überleben günstige Jahreszeit fällt. Möglicherweise erhöhen lange Tage und relativ milde Temperaturen um den Zeugungs- und Geburtstermin herum auch die Überlebenschancen für die empfindlicheren männlichen Babys. Diese Bedingungen findet man im Herbst noch und zum Geburtstermin im nächsten Jahr wieder. Für die robusteren Mädchen scheint auch ein Geburtstermin im Winter weniger gefährlich zu sein, weshalb die Natur im März und April mit mehr weiblichen Embryonen »an den Start geht« (Cagnacci 2003).

Schlanke Frauen werden Mädchenmütter

Kürzlich stellten Wissenschaftler fest, dass kräftigere Huftiere eher männliche Nachkommen auf die Welt bringen, schwächere Weibchen häufiger weibliche Fohlen oder Kälber gebären. Auch nach extremen Dürre- und Hungerperioden ist der tierische Nachwuchs häufiger weiblich (Donner 2004).
Erstaunlich ist, dass diese Beobachtungen aus dem Tier-

reich auch auf uns Menschen übertragen werden können. So hat der italienische Forscher Angelo Cagnacci von der Polyklinik in Modena noch einmal die Daten von fast 10 000 Geburten ausgewertet. Das Ergebnis: Je schlanker die Frau, desto größer war die Wahrscheinlichkeit, dass sie ein Mädchen zur Welt brachte. Wogen die Frauen weniger als 54 Kilogramm, wurden überwiegend Mädchen geboren, waren sie schwerer als 54 Kilogramm, überwog der männliche Nachwuchs. Wenn die Familienplanung zu einem bestimmten Geschlecht hin tendiert, könnte man den Müttern empfehlen, entweder den Gürtel enger zu schnallen oder ein paar Pfündchen zuzulegen.

Wenn es ernst wird, verschwinden die Jungs

Nach dem Zusammenbruch der DDR bestand vorübergehend akute Gefahr für alle Jungen, kurzfristig zählten sie zu einer Spezies, die vom Aussterben bedroht zu sein schien. »1991 wurden nämlich in Ostdeutschland rund 800 Jungen weniger geboren, als nach den Statistiken der Vorjahre zu erwarten gewesen wäre«, errechnete Ralph Catalano, Professor für Gesundheitspolitik und Gesundheitsmanagement an der Berkeley-Universität. »Während in normalen, stabilen Zeiten auf 100 Mädchengeburten 106 Jungengeburten kommen, waren es 1991 nur 100 zu 104. Das klingt wenig dramatisch; für Statistiker ist dieser Ausschlag allerdings signifikant, zumal er in Westdeutschland, wo die Verhältnisse relativ stabil geblieben waren, nicht zu beobachten ist « (Tenzer 2004). Catalano analysierte die deutsche Geburtenstatistik von 1946 bis 1999. Dabei stellte er fest, dass 1991, direkt nach der »Wende«, das Verhältnis zwischen männlichen und weiblichen

Nachkommen in den östlichen Bundesländern so ungünstig war wie zuletzt 1946, als der Zweite Weltkrieg zu Ende gegangen war und die Bevölkerung mit Hungersnöten und Unsicherheit zu kämpfen hatte.
Offensichtlich gibt es einen Stress-Effekt, der sich auf die Geschlechterverteilung der Nachkommen auswirkt. Diesen konnte Catalano auch nach dem verheerenden Erdbeben 1995 in der japanischen Stadt Kobe feststellen. Die Naturkatastrophe zerstörte damals fast sämtliche Häuser und machte die Menschen obdachlos. Nach diesem Ereignis kamen in der Folgezeit mehr Mädchen als erwartet zur Welt.
Die Gründe für diese Reaktion der Natur auf Stressereignisse sind nicht ganz geklärt. Doch schon lange kennen Zoologen und Landwirte den Einfluss von Umweltfaktoren auf die Geschlechtsverteilung beim tierischen Nachwuchs. Tiere, die unter Nahrungsmangel, Dürre und schlechten klimatischen Bedingungen leiden, bringen mehr weibliche Nachkommen zur Welt als in stressärmeren Lebensphasen.
Auch bei uns Menschen könnte die Empfindlichkeit männlicher Föten bei der Geschlechtsverteilung eine Rolle spielen: In allen Gebieten der Erde sinkt bei weniger optimalen Bedingungen für den Nachwuchs die Zahl der Jungengeburten. Das stützt die Vermutung, dass das »starke« Geschlecht im Mutterleib schwächer und viel anfälliger für Umwelteinflüsse ist, als bisher vermutet wurde. Untersuchungen bestätigen das: Männliche Samenzellen und männliche Embryonen reagieren viel sensibler auf Nahrungsmangel, Stress oder Umweltchemikalien. Dadurch kommt es bei männlichen Nachkommen möglicherweise häufiger zu Fehlgeburten (Tenzer 2004, *www.wissenschaft.de*).

Komplikationslos in anderen Umständen

Sie planen Nachwuchs und wünschen sich eine möglichst komplikationslose Schwangerschaft und eine schnelle und schmerzarme Geburt! Wir raten Ihnen: Legen Sie den Geburtstermin in den Sommer, denn dadurch können Sie vor allem das Risiko für die gefürchtete Schwangerschaftsvergiftung ganz deutlich reduzieren. Sie leisten damit einen wichtigen Beitrag für Ihr Wohlbefinden in diesen neun Monaten. Denn die so genannte »Präeklampsie« geht nicht nur mit unangenehmen Kopfschmerzen, Übelkeit und Sehstörungen einher, sie kann auch die Gesundheit von Mutter und Kind beeinträchtigen und muss dann unbedingt ärztlich behandelt werden.

Durchschnittlich leidet etwa jede zehnte werdende Mutter im letzten Schwangerschaftsdrittel darunter. Deutlich seltener sind davon Frauen betroffen, deren Kinder im Sommer, vor allem im August zur Welt kommen. Liegt der Geburtstermin des Nachwuchses in den kalten, dunklen Wintermonaten, steigt das Risiko rasant an. Der »gefährlichste« Monat scheint hier der Dezember zu sein, dann erkrankt immerhin jede dritte bis fünfte Schwangere an den Schwangerschaftskomplikationen – das jedenfalls haben norwegische Wissenschaftler vom Staatlichen Institut für Gesundheitswesen festgestellt. Dazu untersuchten sie mehr als 1,8 Millionen Geburten zwischen 1967 und 1998 auf Anzeichen für eine Schwangerschaftsvergiftung. Ernährung, Infekte oder Temperatureinflüsse, die im Lauf des Jahres stark variieren, spielen hier eine Rolle, so die Meinung der norwegischen Forscher (Magnusa 2001).

Darüber hinaus gibt es aber auch Mütter, die von der Natur bevorzugt zu sein scheinen. Sie leiden selten unter Geburtskomplikationen. Japanische Wissenschaftler haben jetzt Erstaunliches herausgefunden: Diese Vorteile können auch mit dem mütterlichen Geburtsmonat zusammenhängen. Mütter, die selber im Sommer geboren wurden, bekommen meist ohne Schwierigkeiten ihre Kinder. Das Geburtsgewicht der Kinder ist höher, wenn der Geburtstag der Mutter zwischen März und Juni liegt. Kam die Mutter selber zwischen Mai und Juli auf die Welt, besteht die geringste Wahrscheinlichkeit für eine Zwillingsgeburt (Nakamura 1987).

Dezember-Frau und Frühlings-Mann – Garantie für reichen Kindersegen?

In den letzten 30 Jahren hat Deutschland mehr als fünf Millionen Einwohner verloren – das entspricht etwa der Bevölkerungsgruppe, die zwischen 1815 und 1914 nach Amerika ausgewandert ist. Um etwa ein Drittel ist derzeit jede Kindergeneration kleiner als die vorangegangene Elterngeneration (Klingholz 2004). Kein Wunder, denn pro Frau werden in Deutschland durchschnittlich nur noch 1,4 Kinder geboren. Berufstätigkeit, die finanzielle Situation sowie die Betreuungsmöglichkeiten spielen bei der Entscheidung für oder gegen Kinder heutzutage die wichtigste Rolle. Doch es existiert noch ein weiterer Faktor, der aber offensichtlich unabhängig von gesellschaftlichen Überlegungen ist: So hat die Biologin Susanne Huber von der Universität Wien festgestellt, dass bei Frauen, die in den Sommermonaten Juni, Juli oder August geboren wurden, die Wahrscheinlichkeit auf Nachwuchs rund 13 Prozent geringer ist, als bei Geschlechtsgenossinnen, die im Dezember das Licht der Welt erblickt haben.

Huber hat dazu nicht nur die Daten von 3227 Frauen aus Österreich analysiert, sondern auch ältere Dokumente über niederländische und kanadische Frauen aus der Zeit vor der gezielten Geburtenplanung ausgewertet. Interessant: Selbst die historischen Daten brachten ganz ähnliche Ergebnisse. Diese über Jahrzehnte festzustellende Übereinstimmung zwischen saisonalen Einflüssen und Geburtenrate versetzten selbst die Wissenschaftler in Erstaunen (Huber 2004).
Aber auch der Geburtsmonat des Vaters scheint bei der Anzahl der Nachkommen eine Rolle zu spielen. Männer zeugen besonders viele Kinder, wenn sie selber im Frühling Geburtstag haben, besonders wenig Nachkommen haben hingegen Herbst-Geborene. Besonders fruchtbar wären demnach Paare, bei denen die Frau im Dezember, der Mann im Frühling Geburtstag hat. Schlechter stehen wahrscheinlich die Chancen für den Nachwuchs bei Ehen zwischen Sommerfrauen und Herbstmännern – darüber gibt es allerdings keine Untersuchungen.

Was Omas Geburtstag mit der Zahl der Enkel zu tun hat

Und jetzt kommt es noch toller: Wer hätte gedacht, dass sogar der Geburtsmonat der Großeltern Einfluss auf die Zahl der Enkel hat? Herausgefunden haben das die Wissenschaftler Virpi Lummaa und Michel Tremblay. Sie werteten die Daten von 3290 Kanadierinnen, die zwischen 1850 und 1879 geboren wurden, aus. Das erstaunliche Ergebnis: Hatte die Oma im Juni, September oder Februar Geburtstag, wurde sie mit Enkelkindern reichlich gesegnet. Wurden die Großmütter hingegen im November, Dezember oder April geboren, kamen Jahrzehnte später nur wenige Enkel

Familienentwicklung und Geburtsmonat

Familienplanung	Jan	Feb	Mär	Apr	Mai	Jun	Jul	Aug	Sept	Okt	Nov	Dez
Monatliche Geburtenrate	0	0	0	0	0	0	+	0	0	0	–	0
Größte Wahrscheinlichkeit, einen Jungen zu zeugen	0	0	0	0	0	0	0	0	+	++	+	+
Größte Wahrscheinlichkeit, ein Mädchen zu zeugen	0	0	+	++	0	0	0	0	0	0	0	0
Mütterlicher Geburtsmonat / Anzahl der Kinder	0	0	0	0	0	–	–	–	0	0	0	++
Väterlicher Geburtstag / Anzahl der Kinder	0	0	+	+	+	0	0	0	–	–	–	0
Geburtsmonat der Großmutter / Enkel (Anzahl)	0	+	0	–	0	+	0	0	+	0	–	–
Risiko für Schwangerschafts-komplikationen / Geburtstermin des Kindes	+	+	0	0	0	–	–	– –	0	0	+	++

\+ erhöhte Wahrscheinlichkeit ++ deutlich erhöhte Wahrscheinlichkeit – verringerte Wahrscheinlichkeit
– – deutlich verringerte Wahrscheinlichkeit 0 durchschnittliche Wahrscheinlichkeit

Abb. 3: Zusammenhang zwischen Geburtsmonat und Familienentwicklung.

zur Welt (Lummaa, Tremblay 2003). Großmütter, die in den günstigen Monaten geboren wurden, brachten selbst mehr Kinder zur Welt. Das ist natürlich schon mal die erste Voraussetzung, später viele Enkel zu bekommen. Interessant ist in diesem Zusammenhang aber auch, dass ihre Kinder später fortpflanzungsfreudiger waren als die Nachkommen der in den anderen Monaten geborenen Mütter. Die Gründe für diese Geburtenfreudigkeit sehen die Forscher unter anderem in einer längeren fruchtbaren Lebensphase der in den Monaten Juni, September und Februar geborenen Großmütter und deren Kinder.

Das Wichtigste in Kürze

1. Der Geburtsmonat nimmt Einfluss auf das Geschlecht des Nachwuchses, die Anzahl der Kinder und den Verlauf von Schwangerschaft und Geburt.
2. Die Wahrscheinlichkeit für Jungengeburten ist bei einem Zeugungstermin im Herbst am größten, Mädchen hingegen werden am ehesten im März und April auf den Weg gebracht.
3. Mütter bringen überdurchschnittlich viele Kinder auf die Welt, wenn sie selber im Dezember Geburtstag haben. Bei Juni- bis August-Geborenen ist hingegen die Wahrscheinlichkeit auf Nachwuchs etwa 13 Prozent geringer.
4. Männer zeugen besonders viele Kinder, wenn sie selber im Frühling Geburtstag haben, besonders wenig Nachkommen haben hingegen Herbst-Geborene.
5. Schwangerschaftskomplikationen sind bei einem Geburtstermin im Sommer eher selten, treten aber gehäuft auf, wenn das Baby in den dunklen, kalten Monaten, vor allem im Dezember auf die Welt kommen soll.

5. KAPITEL

In diesem Kapitel erfahren Sie,

- dass Sommerkinder besonders glücklich sind
- warum Infekte im Mutterleib unsere Psyche lebenslang beeinflussen können
- weshalb Herbstkinder Draufgänger sind
- dass Schüchternheit auch vom Geburtsmonat abhängen kann

Die Welt durch die richtige Brille sehen

»Auch das glücklichste Leben ist nicht ohne
ein gewisses Maß an Dunkelheit denkbar;
und das Wort ›Glück‹ würde seine Bedeutung verlieren,
hätte es nicht seinen Widerpart in der Traurigkeit.«
CARL GUSTAV JUNG

Sommerkindern ist das Glücklichsein in die Wiege gelegt

Was würde Sie dauerhaft glücklich machen? Ein Lottogewinn, ein großes Haus, eine schlankere Figur? Glaubt man den Glücksforschern, wahrscheinlich nichts von alledem, denn offensichtlich pendelt unsere Befindlichkeit – von kurzfristigen Ausschlägen nach oben und unten abgesehen – um einen vorgegebenen »Zufriedenheitslevel«. Sind die Mindestbedürfnisse wie Kleidung, ein Dach über dem Kopf und eine gewisse materielle Absicherung erfüllt, macht uns noch mehr Wohlstand nicht sehr viel zufriedener. Bei einer Befragung stuften 100 Multimillionäre aus der Forbes-Liste, jeder mit einem Vermögen von mindestens 125 Millionen Dollar, ihre Zufriedenheit kaum besser ein als 100 Durchschnittsamerikaner, die nach dem Zufallsprinzip aus dem Telefonbuch herausgefischt wurden. Von den Millionären fühlten sich 67 Prozent glücklich, aber das traf auch auf 62 Prozent der Durchschnittsamerikaner zu (Diener 2002, Hornung 2004). Und sogar extreme Ereignisse machen uns nur vorübergehend glücklicher oder unglücklicher. Selbst Lotto-Millionäre befinden sich nur kurzfristig auf »Wolke sieben«. Spätestens nach einem halben Jahr hat das Glücksniveau wieder den individuellen Normalwert erreicht. Interessant ist, dass sogar Schicksalsschläge mit weit reichenden Folgen uns nicht unbedingt für immer unglücklich machen. Eine Befragung von 22 querschnittsgelähmten Rollstuhlfahrern zeigte, dass auch deren Wohlbefinden nicht dauerhaft auf dem Tiefpunkt verweilt (*www.gluecksforschung.de*).

Aber wodurch wird unser individuelles Maß an Zufriedenheit festgelegt? Einige Untersuchungen weisen auf eine gewisse erbliche Komponente hin. Doch auch der Geburtsmonat scheint einen nicht unerheblichen Einfluss auf Glück und Zufriedenheit zu haben.

Mit dem Phänomen Glück beschäftigt sich der an der Universität in Hertfordshire tätige Psychologieprofessor Richard Wiseman seit Jahren. Kürzlich hat der Wissenschaftler 40 000 Personen im Rahmen einer Fragebogenaktion nach dem Geburtsmonat und ihrer Lebenseinstellung befragt. Das erstaunliche Ergebnis: Im Sommer Geborene scheinen das Glück gepachtet zu haben – zumindest glauben sie das selbst. Sie waren nach ihrer Selbsteinschätzung zufriedener, optimistischer und hatten eine positivere Lebenseinstellung als Menschen, die im Herbst und Winter geboren wurden.

Möglicherweise werden die Weichen in Richtung Optimismus oder Pessimismus bereits in der frühesten Kindheit oder sogar schon im Mutterleib gestellt. Das legen Beobachtungen von Prof. Jayanti Chotai von der Universität Umea in Nordschweden nahe, der ebenfalls an dem Projekt beteiligt war. Ihm fiel auf, dass bereits bei den Babys unterschiedliche Verhaltensweisen festzustellen waren. Während die Sommerbabys neugierig ihre Umwelt erkundeten, waren die Winterbabys weniger entdeckungslustig (*www.luckfactor.co.uk*).

Doch wie kann der Geburtsmonat Einfluss auf unsere Stimmungslage nehmen? Dazu muss man wissen, dass Gefühle wie Freude, Trauer, Optimismus eigentlich nur Folge unterschiedlicher chemischer Mixturen sind, die in unserem Gehirn zusammengebraut werden. Eine wichtige Zutat für das Glücklichsein ist der Nervenbotenstoff Serotonin. Bei hellem Sonnenlicht wird ein guter Schuss Serotonin in unseren Glückscocktail gemixt, bei Dunkelheit und trübem Wetter erhalten wir höchstens eine Prise.

Durch die Lichtverhältnisse, die zum Zeitpunkt der Geburt herrschen, wird die Serotoninproduktion wahrscheinlich dauerhaft günstig oder ungünstig beeinflusst. Die in die lichtreichen Frühlings- und Sommermonate Hineingeborenen produzieren deshalb möglicherweise von Kindheit an bis ins Erwachsenenalter mehr Glücksstoffe. Das bedeutet aber nicht, dass alle im Herbst und Winter geborenen Kinder zwangsläufig griesgrämig werden. Als Eltern können Sie eine ganze Menge für das Glück Ihres Nachwuchses tun. Wichtig ist, dass Sie sich auch bei trübem und unfreundlichem Wetter regelmäßig mit Ihrem Kind im Freien aufhalten. Denn für die Anregung der Serotoninproduktion ist eine Lichtintensität von mindestens 2500 Lux (Lichteinheiten) erforderlich. In geschlossenen Räumen ist im Herbst und Winter selbst am Tag oder bei eingeschaltetem hellen Licht die notwendige Lichtstärke nicht zu erreichen. Hier herrschen meistens Lichtstärken unter 1000 Lux – viel zu wenig, um die Serotoninproduktion ausreichend anzuregen. Im Freien hingegen werden selbst an trüben Wintertagen in der Mittagszeit bis zu 3000 Lux erreicht (Thü 2004).

Schüchtern oder große Klappe – der Geburtsmonat entscheidet darüber

Auf einer Party werden Sie auf den ersten Blick die Schüchternen von den Selbstbewussten unterscheiden können. Letztere stehen im Mittelpunkt der Feier, erzählen interessante Geschichten, bringen die Umstehenden zum Lachen und sind deshalb auf jedem Fest gern gesehene Gäste. Ganz anders die Schüchternen: Sie meiden – wo immer es geht – öffentliche Auftritte, auf Partys sind sie eher selten anzutreffen. Wenn doch, dann findet man sie häufig im Kreis der Zuhörer, verlassen sie die Feier vorzeitig, fällt es oft niemandem auf. Ähnlich ist auch die Konstellation im Beruf: Der Selbstbewusste strebt meist nach Führungspositionen – auch wenn er dazu oft nicht besonders gut geeignet ist, der Schüchterne hingegen zweifelt an seiner fachlichen Kompetenz selbst dann, wenn er ausgezeichnet für eine Aufgabe qualifiziert ist. Die Vorzüge der Schüchternen erkennt man oft erst auf den zweiten Blick. Sie können sich gut in die Gefühle anderer Menschen hineinversetzen, verstehen deren Schwierigkeiten und sind selten verletzend. Dennoch wird Schüchternheit in unserer Gesellschaft oft als Mangel hingestellt, den es zu beseitigen gilt. Die Flut von Ratgebern und Kursen für mehr Selbstbewusstsein sind nur ein Indiz für diese Sichtweise und legen nahe, dass Schüchternheit eine Verhaltensweise ist, die man durch Training einfach überwinden kann. In letzter Zeit häufen sich aber die Indizien dafür, dass uns Schüchternheit oder Selbstbewusstsein bereits in die Wiege gelegt werden. Nicht nur genetische Faktoren, sondern sogar der Geburtstag scheinen die Weichen für unseren späteren Umgang mit den Mitmenschen zu stellen. Steven Gortmaker, Professor für Soziologie an der Harvard-Universität in Boston, und seine Mitarbeiter befragten mehrere tausend Kinder im Alter zwischen zwei und sieben Jahren aus den Vereinigten Staaten und Neuseeland. Dabei fiel eine deutliche Verbindung zwischen extremer Schüchternheit, die sich in Ängstlichkeit, Furcht vor Fremden oder Zurückhaltung in Gegenwart unbekannter Personen äußerte, und der Menge an Tageslicht, dem die Mütter um die Mitte der Schwangerschaft ausgesetzt waren, auf (Gortmaker 1997, Eliot 2002). Von den amerikanischen Kindern, die im Oktober, November oder Dezember auf die Welt kamen, wurden nur zwölf Prozent als äußerst schüchtern eingestuft. Bei Kindern, die im April, Mai und Juni geboren wurden, betrug die Quote der Gehemmten hingegen 18 Prozent. Interessanterweise ergab sich für die neuseeländischen Kinder ein ähnliches Muster, allerdings waren hier die zwischen Oktober bis Dezember geborenen Kinder die schüchternsten, zwischen April und Juni wurden mehr »Draufgänger« geboren. Kein Wunder, denn in Neuseeland verhalten sich die Jahreszeiten genau umgekehrt zu denen in den USA. Die Studienleiter schätzen, dass – abgesehen von anderen Risikofaktoren – etwa ein Viertel der »Schüchternheitsfälle« auf einen Mangel an Tageslicht während der Schwangerschaft zurückzuführen sind. Die Produktion verschiedener Hormone schwankt im Jahresverlauf in Abhängigkeit von der Tageslänge. Deshalb vermuten die Forscher, dass die Konzentration der Botenstoffe, die sich während der empfindlichen Phase, wenn die Nervenzellen auf Wanderschaft gehen, im mütterlichen Blut befinden, einen entscheidenden Einfluss auf die Gehirnentwicklung haben und möglicherweise lebenslang unsere Gefühlswelt beeinflussen.

Lebensüberdruss – eine Frage des Geburtstags?

»Der Suizid ist sinnlos, denn dadurch, dass der Mensch seinen Körper vernichtet, dass er sich als Individuum vernichtet, kann er keinerlei Einfluss auf die Existenz der Welt und die Wurzeln der Dinge ausüben.« Dieser Feststellung von Arthur Schopenhauer stimmen sicher die meisten in unserer Gesellschaft zu. Dennoch setzen in Deutschland Jahr für Jahr mehr als 10 000 Menschen freiwillig ihrem Leben ein Ende. Dabei ist erstaunlich, dass die meisten Menschen nicht – wie man vielleicht vermuten würde – in den dunklen Herbst- und Wintermonaten oder um die Weihnachtszeit freiwillig aus dem Leben scheiden, sondern im Frühling und dann vor allem sonntags.
Als Gründe für den Selbstmord werden vor allem depressive Grundstimmung, Schizophrenie, Alkoholismus sowie Suchterkrankungen genannt. Doch auch der Geburtsmonat scheint eine Rolle zu spielen – das geht aus einer Untersuchung von Marlis Moritz hervor. Sie analysierte die Daten der 11 100 Personen (74 Prozent Männer, 26 Prozent Frauen), die im Jahre 2001 in Deutschland Suizid begingen. Dabei stellt sich heraus, dass insbesondere Personen, die im Januar und März geboren wurden, deutlich häufiger den Selbstmord suchten, als zu erwarten gewesen wäre. Deutlich seltener als der Durchschnitt entschieden sich Oktober- bis Dezember-Geborene zu diesem verhängnisvollen Schritt. Aus den Ergebnissen lassen sich allerdings keine allzu weit reichenden Schlüsse ziehen, da von Moritz nur die Daten eines Jahres ausgewertet wurden. Interessant ist in diesem Zusammenhang aber, dass diese Monate auch zu den Risikomonaten für Depressionen und Schizophrenie zählen.

Prominente, die ihrem Leben selbst ein Ende setzten

Patrick Dewaere (* 26. Januar 1947). Der französische Schauspieler erschoss sich in seiner Wohnung. Gründe: Seine Frau hatte ihn wegen seiner Drogenprobleme verlassen. Außerdem litt er unter starken Depressionen.
Virgina Woolf (* 25. Januar 1882). Die englische Schriftstellerin litt sehr lange unter Depressionen, hatte eine panische Angst davor, geisteskrank zu werden. Sie ertränkte sich in einem Fluss.
Vincent van Gogh (* 30. März 1853). Der impressionistische Maler, der keine künstlerische Anerkennung in seiner Zeit fand, erschoss sich. Grund: Tiefe, lang anhaltende Depressionen.
Hannelore Kohl (* 7. März 1933) Ehefrau des ehemaligen Bundeskanzlers Helmut Kohl, ging aus dem Leben, da sie jahrelang unter Lichtallergie gelitten hatte.

(Quelle: Moritz 2003)

Eine Grippeepidemie und ihre Folgen

1957 wurde die Welt von einer dramatischen Grippeepidemie erfasst, weltweit erkrankten mehrere Millionen Menschen an der asiatischen Grippe, zahlreiche Todesfälle waren zu beklagen. Viele überstanden diese Virusinfektion jedoch unbeschadet, doch noch Jahre später hatte diese Epidemie Folgen: Betroffen waren vor allem Kinder, deren Mütter an Grippe erkrankten und sich zu diesem Zeitpunkt im zweiten Drittel der Schwangerschaft befanden. Im Erwachsenenalter zeigten sie häufiger schizophrene Verhaltensweisen als Kinder, deren Mütter während der Grippewelle in einem anderen Schwangerschaftsmonat waren (Mednick 1988).

Immer wieder werden Virusinfektionen mit dem Auftreten von mentalen Störungen wie Schizophrenie, Depressionen oder Autismus in Verbindung gebracht. Offensichtlich stellt eine solche Infektion in einer sensiblen Phase der Gehirnentwicklung einen Wegbereiter für spätere mentale Störungen dar. Diese sensiblen Phasen liegen wahrscheinlich um den sechsten Schwangerschaftsmonat herum am Übergang vom zweiten zum dritten Drittel der Schwangerschaft. In dieser Zeit wandern die neu gebildeten Nervenzellen im Gehirn an ihren späteren Bestimmungsort (Neuronenmigration). Möglicherweise beeinträchtigen die Viren diese regelrechte Entwicklung der Nervenzellen im Gehirn und beeinflussen dadurch die geistigen sowie die emotionalen Funktionen im späteren Leben (Livingstone 1993, O´Callaghan 1991).

Vor allem in den Herbst- und Wintermonaten kommt es in unseren Breiten zu einem gehäuften Auftreten von Infektionen. Das mag auch der Grund sein, dass verschiedene Studien tatsächlich eine Verbindung zwischen dem Auftreten von mentalen Störungen und dem Geburtsmonat herstellen konnten. Tatsächlich werden Menschen mit Schizophrenie etwas häufiger zwischen Dezember und März geboren, Personen, die unter Depressionen leiden, kommen öfters zwischen März und Mai auf die Welt und die Wahrscheinlichkeit, später an Autismus zu leiden, ist bei März-Geborenen am größten (Torrey 1997).

Wenn diese Risiken im Allgemeinen auch nicht sehr groß sind, so sollten Sie doch, wenn Sie ein Kind erwarten – vor allem in der kritischen Phase der Schwangerschaft um den sechsten Monat herum – Grippekranken aus dem Weg gehen.

Das Wichtigste in Kürze

1. Der Geburtsmonat beeinflusst unser psychisches Befinden.
2. Optimisten werden besonders häufig in den Monaten Juni, Juli und August geboren, Pessimisten dagegen in den Herbst- und Wintermonaten
3. Menschen, die im April, Mai oder Juni Geburtstag haben, zählen häufig zu den eher schüchternen Zeitgenossen, während die Selbstbewussten in den Monaten Oktober bis Dezember zur Welt kommen.
4. Infektionskrankheiten während der Schwangerschaft können unsere Psyche dauerhaft beeinflussen.
5. Um den sechsten Schwangerschaftsmonat herum sollten Sie Grippekranken aus dem Weg gehen.

6. KAPITEL

In diesem Kapitel erfahren Sie,

- wie der Hormonspiegel der Mutter die spätere Berufswahl des Kindes beeinflussen kann

- warum Präsidenten häufig im Winter Geburtstag haben

- dass Sommer-Geborene besonders kreativ und redegewandt sind

- was der Geburtsmonat mit der Entwicklung des Gehirns zu tun hat

Die Monate des Erfolges

»Das Wichtigste im Leben ist
die Wahl des Berufes.
Der Zufall entscheidet darüber.«
Blaise Pascal

Was machen die Hormone mit unserem Gehirn?

Selten ergreifen wir einen Beruf aus Familientradition oder um ein elterliches Unternehmen weiterzuführen. Viel eher spielen bei der Entscheidung persönliche Vorlieben, Neigungen und Interessen eine Rolle. Diese werden zu einem nicht unbeträchtlichen Teil auch vom Geburtsmonat gesteuert. Auf den ersten Blick ist es vielleicht nicht verständlich, wie der Geburtstag die Berufswahl beeinflussen soll. Um das zu verstehen, müssen Sie wissen, dass verschiedene, teilweise saisonal auftretende Faktoren die Gehirnentwicklung in die eine oder andere Richtung lenken können. Eine ganz wichtige Rolle spielt dabei der mütterliche und kindliche Hormonspiegel während der Schwangerschaft und in den ersten Lebensmonaten. Entscheidend für die Ausbildung von Stärken, Schwächen, Vorlieben und Abneigungen sind vor allem das männliche Testosteron und das weibliche Östrogen. Bereits im Mutterleib kommen wir mit diesen Hormonen in Kontakt. Sie hinterlassen in unserem Gehirn unauslöschliche Spuren, denn sie beeinflussen die Entwicklung der beiden Gehirnhälften (Hemisphären) unterschiedlich. Unter dem Einfluss der Hormone entwickelt sich entweder die eine oder die andere Hemisphäre stärker. Ein hoher Testosteronspiegel im Mutterleib und in den ersten Lebensmonaten bremst die Entwicklung der linken Hemisphäre und fördert das Wachstum der rechten Gehirnhälfte. Dadurch fallen – unabhängig vom Geschlecht – eher typisch männliche Fähigkeiten wie zum Beispiel räumliches Vorstellungsvermögen, Lösen von dreidimensionalen Aufgaben, mathematische Schlussfolgerungen und zielgerichtete motorische Abläufe (Werfen, Schießen) leichter. Die rechte Hirnhälfte ist für den ganzheitlichen Überblick zuständig, an Details ist sie – im Gegensatz zur linken Hemisphäre – weniger interessiert.

Steht die Gehirnentwicklung unter dem Einfluss eines hohen Östrogen- und niedrigen Testosteronspiegels, kann sich die linke Gehirnhälfte besser entwickeln und es kommen andere Eigenschaften zum Tragen: Dann fällt es sowohl Männern als auch Frauen leichter, sich in ihre Mitmenschen einzufühlen, Emotionen besser zu erkennen und Sprachen zu erlernen. Sie legen mehr Wert auf soziale Kontakte, sind gefühlsbetonter, fürsorglicher und kommunikativer. Auch feinmotorische Aufgaben werden von der linken Hirnhälfte gesteuert.

Besonders groß ist der prägende Einfluss der Hormone in den letzten Schwangerschaftswochen sowie in den ersten Monaten nach der Geburt (Kimura 1994). Doch die Hormonspiegel, denen die Kinder in dieser Zeit ausgesetzt sind und auch die mütterlichen Hormone unterliegen regelmäßigen Schwankungen im Jahresverlauf. Prof. Scott Moffat vom Institut für Gerontologie und Psychologie der Wayne-State-Universität in Detroit hat den Testosteronspiegel von 180 Personen (99 Männer, 81 Frauen) im Verlauf eines Jahres überprüft und festgestellt, dass die Testo-

steronspiegel vor allem in den Herbst- und Wintermonaten sehr hoch, im Frühjahr zwischen März und Juni dagegen extrem niedrig sind.
Kinder, die im Herbst und Winter auf die Welt kommen, stehen dadurch – unabhängig von ihrem Geschlecht – im letzten Abschnitt der Schwangerschaft unter einem stärkeren Testosteroneinfluss als Frühjahrs- und Sommerkinder und entwickeln deshalb auch andere Charaktereigenschaften, Stärken und Schwächen. Frühjahr- und Sommergeborene Mädchen wie Jungen werden eher Vorlieben für soziale, erzieherische, betreuende Berufe und für Tätigkeiten, bei denen Sprachfähigkeit und Einfühlungsvermögen gefordert werden, entwickeln. Herbst- und Winter-Geborene greifen hingegen später eher zu Berufen, in denen logisches Denken, technische Fähigkeiten, räumliches Vorstellungsvermögen und Interesse für mathematische Probleme wichtig sind.

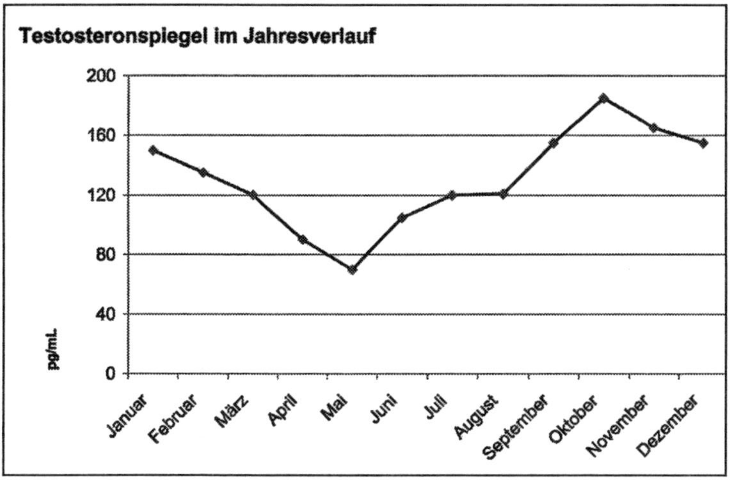

Abb 4: Schwankungen des Testosteronspiegels im Jahresverlauf. Auffallend ist ein Testosterontief im Frühling, vor allem im Mai, und ein Testosteronhoch im Herbst, vor allem im Oktober (mod. nach Moffat 2000).

Puppenmutti oder Müllmann

Der hormonelle Einfluss im Mutterleib macht sich sogar schon in der frühen Kindheit bemerkbar. Sind Mädchen im Mutterleib einem Übermaß an männlichen Hormonen ausgesetzt, zeigen sie bereits als Kinder ein typisch männliches Denk- und Spielverhalten. Sie sind insgesamt wilder und aggressiver als ihre Geschlechtsgenossinnen und bevorzugen eher »männliches« Spielzeug wie Autos und Baukästen anstatt Puppen und Puppenküchen (Kimura 1992, Reinisch 1987).
Auch Unabhängigkeit und Selbstsicherheit der Kleinkinder sind vom Hormonspiegel während der Schwangerschaft abhängig: Schon vor der Geburt bestimmten Wissenschaftler bei mehreren Müttern die Testosteronkonzentration im Fruchtwasser. Nach der Entbindung wurden die Frauen mit ihren Kindern jeweils nach einem und nach zwei Jahren wieder von den Forschern ins Labor eingeladen. Während die Kinder spielten und die Mütter in der Nähe saßen, beobachteten die Studienleiter, wie oft die Kinder Blickkontakt zu ihren Müttern aufnahmen. Dabei stellte sich heraus, dass Kinder, die während der Schwangerschaft unter dem Einfluss eines hohen Testosteronspiegels standen, seltener Blickkontakt zu den Müttern suchten. Diese Kinder verfügten gleichzeitig auch über einen geringeren Wortschatz (Baron-Cohen 2003).

Im Herbst ist der Ball besonders rund

Als wir die Zusammenhänge zwischen Geburtsmonat und Beruf recherchierten, bekamen wir eine Nachricht von Dr. Andis Kaulins von der Universität in Trier, der sich schon seit Jahren mit diesen Zusammenhängen beschäftigte. Er teilte uns mit, dass er vor einigen Jahren sämtliche Geburtsdaten und Spielpositionen aus der Fußballzeitschrift »Kicker« aus Spaß ausgewertet habe und dabei zu verblüffenden Zusammenhängen zwischen Spielerposition und Geburtsmonat gekommen sei. Die Ergebnisse hat er in der Folgezeit auf eine Jugendfußballmannschaft übertragen, das heißt, er hat im Zweifelsfall die Spieler positionsmäßig nach ihren Geburtsdaten besetzt. Diese nach Geburtsmonaten aufgestellte Jugendmannschaft des JSG West Göttingen war über lange Zeit ungeschlagen und so erfolgreich, dass sie am 11. Januar 1996 in der Zeitschrift »Kicker« als Mannschaft der Woche vorgestellt wurde.

Diesen Hinweis nahmen wir zum Anlass für eigene Recherchen. Wir werteten zunächst die Geburtsdaten von insgesamt 10 563 Berufsspielern der britischen Fußballliga, die zwischen 1986 und 2002 in der English Premier League oder dem Football League Club gespielt haben, aus. Hier zeigte sich ein ganz deutlicher Zusammenhang zwischen Geburtsmonat und »Fußballtauglichkeit«.

Am häufigsten wurden Spieler, die im Herbst zwischen September und November Geburtstag hatten, in dieser Liga eingesetzt. Am seltensten wurden Spieler aufgestellt, deren Geburtsmonat zwischen Mai und Juli lag.

In einer anschließend von uns durchgeführten Überprüfung der deutschen Spieler, die bei Fußball-Weltmeisterschaften erfolgreich im Einsatz waren und mit ihrem Team entweder Weltmeister (1954, 1974, 1990) wurden oder zweite (1966, 1982, 1986, 2002), dritte (1934, 1970) oder vierte (1958) Plätze belegten, kamen wir zu einem ähnlichen Ergebnis: Auch hier dominierten die im September geborenen Spieler zahlenmäßig.

Fasst man die Geburtsmonate der Fußballer nach Jahres-

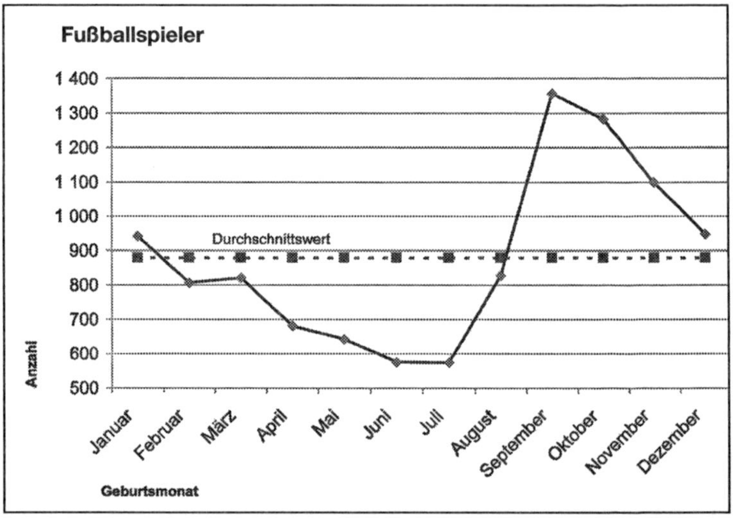

Abb. 5: Geburtsmonate britischer Fußballspieler: Verteilung der Geburtsmonate von 10 563 Spielern der britischen Fußballliga, die zwischen 1986 und 2002 in der English Premier League und dem Football League Club spielten. Eine auffallende Häufung der Spielergeburtstage findet man in den Herbstmonaten mit einer Konzentration im September. Im Frühling und Frühsommer wurden die wenigsten Fußballspieler geboren.

zeiten zusammen, überwiegen ganz eindeutig die im Herbst zwischen September und November geborenen Spieler (siehe Anhang). Diese Konzentration der Fußballspieler auf die Herbstmonate hat uns nicht erstaunt, denn ein guter Fußballspieler muss rechtshirnig denken: Er benötigt ein gutes räumliches Vorstellungsvermögen, Treffsicherheit, motorische Geschicklichkeit, Durchsetzungsvermögen und den unabdingbaren Siegeswillen – alles Eigenschaften, die bereits in der frühen Lebensphase unter dem Einfluss des hohen herbstlichen Testosteronspiegels angelegt werden.

Die kalte Jahreszeit – beste Voraussetzung für »männliche Berufe«

Auch erfolgreiche Politiker müssen über ein gewisses Maß an Zielstrebigkeit, Durchsetzungsvermögen, Aggressivität, logischem Denken und Führungsqualitäten verfügen. Nach dem bisher Gesagten besitzen vor allem im Herbst und Winter Geborene diese Eigenschaften.

Wir haben uns deshalb einmal die Geburtsdaten von 359 international renommierten Politikern angesehen. Dabei hatten die Herbst-Geborenen die Nase vorn. Die meisten, nämlich 41, waren im Oktober geboren, der Juni war mit nur 17 Politikergeburtstagen deutlich unterrepräsentiert.

Ähnlich auch bei den deutschen Ministern. Von 164 Ministern, die seit Beginn der Bundesrepublik amtierten und deren Geburtsdaten uns vorlagen, waren 22 im September geboren worden, während im Mai nur 7 Minister Geburtstag hatten. Die anderen Minister verteilten sich etwa gleichmäßig auf die übrigen Monate.

Ebenso wurden die Präsidenten der Vereinigten Staaten von Amerika und die bisherigen deutschen Bundeskanzler – allerdings mit einer breiteren Streuung – häufiger in der kalten Jahreszeit geboren. So haben alle bisherigen deutschen Bundeskanzler zwischen Dezember und April Geburtstag (siehe Anhang) und die meisten US-Präsidenten erblickten zwischen Oktober und März das Licht der Welt. Ganz deutlich ist die Konzentration der Präsidentengeburtstage auf die Wintermonate bei den ersten Präsidenten von Washington bis Roosevelt ausgeprägt. 20 der in diesem Zeitraum gewählten 26 Präsidenten wurden zwischen Oktober und März geboren (siehe Liste im Anhang). Etwa um die Jahrhundertwende schwächt sich dieser bemerkenswerte Trend ab. Möglicherweise ist das eine Folge des geänderten

Studien- und Berufswahl in Abhängigkeit vom Geburtsmonat

Beruf/Studienfach	Jan	Feb	Mär	Apr	Mai	Jun	Jul	Aug	Sept	Okt	Nov	Dez
Rechtswissenschaften	0	0	–	0	+	0	0	0	0	0	0	0
Wirtschaftswissenschaften	0	0	0	–	+	+	+	–	–	0	–	0
Gesellschaftswissenschaften	0	0	0	0	0	0	+	0	0	0	0	–
(Sozial) Pädagogik	0	0	0	+	+	0	+	0	0	–	–	–
Psychologie	0	0	–	0	0	0	0	+	0	0	0	0
Sportwissenschaften	0	–	0	0	0	0	+	0	0	0	0	0
Theologie	0	0	0	0	+	0	0	0	–	–	0	0
Kunst	0	–	+	+	0	0	+	–	–	0	0	0
Musik	0	0	0	0	0	0	+	0	0	0	–	0
Theater, Film und Medien	0	–	0	0	0	0	0	+	0	0	0	0
Geowiss. / Geographie	0	0	0	–	0	0	0	0	+	0	0	0
Physik	0	0	0	0	0	0	0	0	0	+	0	–
Biologie	+	–	0	0	0	0	0	0	0	0	0	0
Informatik	0	0	0	–	+	0	0	0	+	+	0	0
Pflege & Gesundheit	–	0	0	0	0	0	+	0	0	0	–	0

Studien- und Berufswahl in Abhängigkeit vom Geburtsmonat

Beruf/Studienfach	Jan	Feb	Mär	Apr	Mai	Jun	Jul	Aug	Sept	Okt	Nov	Dez
Haushalt und Ernährung	0	0	0	0	0	0	0	0	0	0	0	–
Mathematik	0	0	0	0	0	0	+	0	0	0	–	0
Humanmedizin	0	0	0	0	0	0	0	0	+	0	0	–
Politiker	0	0	0	+	–	–	0	–	+	+	0	0
Techniker	0	0	+	0	0	–	0	0	–	0	+	0
Journalisten	0	0	0	0	+	+	0	0	0	–	–	–
Fußballprofis	0	0	0	0	–	–	–	0	+	+	+	0

+ besonders häufig gewählte Berufe und Studiengänge
– besonders selten gewählte Berufe und Studiengänge
0 durchschnittlich häufig gewählte Berufe und Studiengänge

Abb. 6: Zusammenhang zwischen Geburtsmonat, Berufs- und Studienwahl. Ausgewertet wurden die Daten von 40 000 Studenten der Universität Frankfurt (WS 2003/2004) (Axt/Axt-Gadermann 2004), von 18 000 Studenten der FH Fulda (Moritz 2003) und von mehr als 1800 prominenten Persönlichkeiten.

Wahlrechts zu Beginn des 20. Jahrhunderts. Dennoch feiern von den bisher 43 US-Präsidenten – von George Washington bis George W. Bush – insgesamt 27 zwischen Oktober und März ihren Geburtstag. Auch wenn sich aufgrund der relativ niedrigen Personenzahlen hier sicher keine bedeutungsvollen Aussagen machen lassen, sind die Tendenzen, die sich hieraus ergeben, doch interessant.

Der Sommer ist kreativ, der Herbst technisch

Würden Sie gerne wissen, in welchem Beruf Sie am erfolgreichsten sein können? Nun, wenn wir es ganz genau wüssten, würden wir Sie darüber gerne informieren. Was wir Ihnen aber sagen können, ist, welcher Beruf von den in Ihrem Monat geborenen Mitmenschen besonders häufig gewählt wird. Vielleicht ist dies auch eine Hilfe für Ihre Entscheidung. Mit dem Zusammenhang zwischen Geburtsmonat und Berufswahl beschäftigen sich Wissenschaftler schon seit Jahren aus unterschiedlichen Gründen. Uns liegt inzwischen ein umfangreiches Datenmaterial vor, das relativ gute Aussagen darüber macht.
Aus den Daten von

- rund 40 000 Studenten, die im Wintersemester 2003/2004 an der Johann-Wolfgang-Goethe-Universität in Frankfurt am Main eingeschrieben waren,
- von mehr als 1800 prominenten Persönlichkeiten aus Wirtschaft, Politik, Literatur und Kunst sowie
- aus den Daten von 18 000 Studenten, die in den letzten 30 Jahren an der Fachhochschule in Fulda eingeschrieben waren (Moritz 2003),

ergaben sich zunächst folgende interessante Tendenzen zur Studien- und Berufswahl: Personen, die im Frühjahr und

Sommer Geburtstag haben, bevorzugen – von einigen Ausnahmen abgesehen – häufig Studienfächer bzw. Berufe, bei denen Eigenschaften wie Sprachfähigkeit, Kreativität, Kommunikationsfähigkeit, Empathie sowie Interesse für pädagogische Aufgaben und künstlerische Themen gefragt sind. Herbst- und Wintergeborene findet man in diesen Berufszweigen und Studienfächern seltener. Sie bevorzugen naturwissenschaftliche Fächer und Berufe, in denen es auf mathematisch-technisches Verständnis, Zielstrebigkeit, Durchsetzungsfähigkeit und Führungsqualitäten ankommt. Auffallend und von der Theorie abweichend ist allerdings, dass gerade Mathematiker häufig im Juli Geburtstag haben. Eine Erklärung dafür fällt zunächst schwer. Möglicherweise handelt es sich bei diesen aber auch um Lehramtsstudenten mit dem Fach Mathematik. Die einzelnen Ergebnisse können Sie der Abbildung 6 entnehmen.

Das Wichtigste in Kürze

1. Vorlieben und Abneigungen, die unter anderem auch für unsere berufliche Entwicklung wichtig sind, scheinen sehr stark von der hormonellen Situation im Mutterleib gesteuert zu werden.
2. Die Hormonspiegel unterliegen jahreszeitlichen Schwankungen und nehmen – je nach Geburtsmonat – unterschiedlichen Einfluss auf unsere körperliche und geistige Entwicklung.
3. Es ist deshalb nicht verwunderlich, dass sich anhand des Geburtsmonats auch Aussagen über unsere beruflichen Interessen machen lassen.
4. Frühjahr- und Sommer-Geborene bevorzugen Studienfächer und Berufe, bei denen Sprachfähigkeit, Kreativität,

Kommunikationsfähigkeit, Empathie sowie Interesse für pädagogische Aufgaben und künstlerische Themen gefragt sind.
5. Herbst- und Winter-Geborene findet man vor allem in naturwissenschaftlichen Fächern und Berufen, in denen es auf mathematisch-technisches Verständnis, Zielstrebigkeit, Durchsetzungsfähigkeit und Führungsqualitäten ankommt.

7. KAPITEL

In diesem Kapitel erfahren Sie,

- warum ein niedriges Geburtsgewicht die späteren Heiratschancen beeinflusst

- welche Folgen ein Geburtstag in der kalten Jahreszeit haben kann

- weshalb Sommer-Geborene häufiger zum Zahnarzt müssen

- warum Januar-Kinder auf ihr Gewicht achten sollten

Sag mir, wann du Geburtstag hast und ich sag dir, wie gesund du bist!

»Gesundheit ist zwar nicht alles –
aber ohne Gesundheit ist alles nichts.«
ARTHUR SCHOPENHAUER

Bestimmt das Geburtsgewicht unser Lebensschicksal?

Geringes Geburtsgewicht – schlechtere Chancen auf dem Heiratsmarkt?

1995 lieferte eine Pressemeldung den Männern – neben der Steuerersparnis – ein weiteres Argument, sich in den Stand der Ehe zu begeben. Eine im »American Journal of Epidemiology« veröffentlichte Untersuchung hatte nämlich ergeben, dass unverheiratete Männer häufiger an einem Herzinfarkt erkranken und auch eine kürzere Lebenserwartung haben als verheiratete Männer. Damals führte man die Ergebnisse darauf zurück, dass Ehemänner ein geregelteres Leben führen und sich besser ernähren als rastlose Singles.

Doch möglicherweise gibt es noch andere Faktoren, die die längere Lebenserwartung und die geringere Herzinfarktrate von Verheirateten erklären können. Dazu muss man an den Lebensanfang zurückgehen. Das tat Professor David Barker. Er fand heraus, dass ein niedriges Geburtsgewicht mit dem gehäuften Auftreten von Herzinfarkten im späteren Leben verbunden ist und untergewichtige

Säuglinge später auch häufiger unter hohem Blutdruck, hohen Cholesterinspiegeln leiden und eher zu Zuckerkrankheit neigen. Gleichzeitig – und hier kommen wir wieder zum Anfang unserer Geschichte zurück – stellt das Geburtsgewicht scheinbar auch die Weichen für eine spätere Heirat oder ein Singledasein. So analysierten Phillips und andere Forscher die Daten von 3577 Männern, die zwischen 1924 und 1933 in Helsinki, Finnland, das Licht der Welt erblickten. Dabei stellten sie fest, dass Männer mit einem niedrigen Geburtsgewicht später sehr viel seltener heiraten als Männer, die normalgewichtig auf die Welt kommen. Interessant dabei war, dass die späteren Chancen auf dem Heiratsmarkt mit jedem Pfund Geburtsgewicht zunahmen (Phillips 2001). Fasst man diese Ergebnisse zusammen, kommt man zu dem Schluss, dass ein niedriges Geburtsgewicht sowohl die Heiratschancen mindert als auch die Herzinfarktrate erhöht. Die Weichen für unsere Gesundheit und auch für die Ehe werden demnach bereits im Mutterleib gestellt.

Niedriges Geburtsgewicht – ein folgenreicher Start ins Leben

Alle Eltern, die später einmal auf der Hochzeit ihres Sohnes die Taschentücher zücken möchten, sollten deshalb schon etwa 30 Jahre vorher alles tun, damit das Kind nicht als Leichtgewicht das Licht der Welt erblickt. Es gibt zahlreiche Möglichkeiten, das Geburtsgewicht zu beeinflussen. Infekte, Rauchen während der Schwangerschaft, Mangelernährung der Mutter oder eine unzureichende Blutversorgung des Föten wirken sich ungünstig auf das Geburtsgewicht des Kindes aus. Eine wichtige Rolle spielt aber auch der Zeitpunkt der Geburt. Kinder, die im Spätsommer und in den frühen Herbstmonaten zwischen August und Oktober geboren werden, bringen eher ein paar Pfund mehr auf die Waage, während in den Wintermonaten Dezember, Januar und Februar häufiger leichtgewichtige Babys auf die Welt kommen. Seit Jahren ist dieser Zusammenhang den Fachleuten bekannt (Sturm 1966, Koch 2003). Die meisten Wissenschaftler vermuten einen Zusammenhang zwischen der intensiveren Sonnenstrahlung während der Sommermonate und einem höheren Geburtsgewicht im Spätsommer und Herbst. Wärme und Sonnenlicht regen den Stoffwechsel und die Vitamin-D-Produktion der werdenden Mutter an und verbessern dadurch die Versorgung des Babys. »Der Winter endet für gewöhnlich in der zweiten Februarhälfte, und die Zahl der Sonnentage nimmt mit Anfang März wieder erheblich zu. Dem entspricht die allmähliche Abnahme des Prozentsatzes an Kindern mit niedrigem Geburtsgewicht. Der Gewichtsanstieg beginnt Anfang März und erreicht seinen Höhepunkt im August. Zu diesem Zeitpunkt werden Kinder von Müttern geboren, bei denen die zweite Hälfte der Gravidität mit der Zeit der größten Sonnenscheindauer zusammenfällt. Mit Abnahme der Sonnenscheindauer ab Ende Oktober steigt auch wieder der prozentuale Anteil der leichtgewichtigen Neugeborenen«, so die Erklärung von Sturm (Sturm 1966 zit. in Koch 2003).

Die wichtigsten Tipps für ein optimales Geburtsgewicht

Wird Ihr Kind in einer Zeit geboren, in der das Risiko für ein zu niedriges Geburtsgewicht erhöht ist, können Sie durch Ihr Verhalten die Gewichtsentwicklung günstig beeinflussen und so dem Kind einen guten Start ins Leben ermöglichen. Vermeiden Sie alles, was – unabhängig vom Geburtsmonat – das Gewicht des Kindes beeinträchtigen könnte. Rauchen Sie nicht während der Schwangerschaft, denn allein dadurch verringert sich das Geburtsgewicht um durchschnittlich 200 Gramm. Ähnlich ungünstig wirkt sich Leistungssport in der Frühphase der Schwangerschaft aus, mäßige Bewegung dagegen fördert in allen Phasen der Schwangerschaft Gesundheit und Wachstum des Kindes. Sorgen Sie darüber hinaus für eine gute Vitaminversorgung. Insbesondere sollten Sie auf eine optimale Zufuhr von Vitamin C achten. In mehreren Untersuchungen konnte festgestellt werden, dass eine ausreichende Vitamin-C-Aufnahme das Geburtsgewicht um etwa 100 Gramm – verglichen mit Müttern, die wenig Vitamin C aufnahmen – erhöhen kann. Weiterhin scheint ein mäßiger Fleischkonsum in den ersten Schwangerschaftsmonaten und eine ausgewogene Eiweißversorgung in den letzten Schwangerschaftsmonaten sich günstig auf die Entwicklung des Kindes und das Geburtsgewicht auszuwirken (Br Med J, 319:339–343, 1999). Eine Empfehlung für eine optimale Nährstoffversorgung in der Schwangerschaft finden Sie im Anhang.

Seltener Krebs im Sternzeichen des Krebses

Schon im Jahre 1973 hat der britische Astrologe John Addey in seinem Buch »The Discrimination of Birthtypes« Studien zitiert, die eine Häufung von Krebskrankheiten in den Wintermonaten belegen (Addey 1973). Daraus zogen Addey und andere Astrologen den Schluss, dass das Wirken der Himmelsmächte Einfluss auf die Entstehung von Krebserkrankungen hat.
Tatsächlich konnte die Beobachtung, dass Krebserkrankungen häufiger bei Menschen auftreten, die im Winter

und in den frühen Frühjahrsmonaten geboren wurden, auch von nicht astrologiegläubigen Medizinern und Statistikern bestätigt werden.
Dem österreichischen Mediziner Stur fiel bereits in den 50er-Jahren auf, dass Krebspatienten besonders häufig in bestimmten Monaten geboren wurden. Das machte ihn neugierig. Er wertete deshalb die Daten von fast 3000 Krebstodesfällen aus, die ihm vom Wiener Wilhelminenhospital zur Verfügung gestellt worden waren. Das Ergebnis bestätigte seine Vermutung: Wer zwischen Mai und August geboren wurde, hatte ein deutlich geringeres Risiko, an Krebs zu erkranken (Stur 1953). Weitere Untersuchungen in den Folgejahren kamen zu ähnlichen Ergebnissen, wurden jedoch häufig aufgrund zu geringer Fallzahlen und statistischer Mängel kritisiert.
Die am besten abgesicherten Daten zur Krebshäufigkeit stammen aus der ehemaligen DDR. Hier gab es im Gegensatz zur Bundesrepublik schon seit Jahrzehnten ein flächendeckendes Krebsregister, in dem alle Fälle dokumentiert wurden. Diese Daten wurden für eine große und statistisch gut abgesicherte Untersuchung von Berndt herangezogen (Berndt 1966). Unter anderem untersuchte er 1792 männliche Patienten mit Lungenkrebs zwischen 50 und 69 Jahren. Auch er konnte belegen, dass Tumore bei Mai- bis August-Geborenen deutlich seltener sind, etwas häufiger jedoch bei Menschen auftreten, die zwischen Januar und April Geburtstag haben. September- bis Dezember-Geborene lagen genau im statistischen Durchschnitt.
Für diese auffällige Häufung von bestimmten Krebserkrankungen in Abhängigkeit vom Geburtsmonat sind jedoch nicht, wie von den Astrologen vermutet, die Sterne verantwortlich. »Vielfältige Einwirkungen wie Klima und Witterung, Ernährungsangebot an Schwangere und Kind, sai-

sonbedingte Erkrankungen insbesondere Virusinfektionen, sind nicht ohne Beziehung zur Entstehung bestimmter Krankheiten oder Folgekrankheiten des späteren Lebens«, meint Studienleiter Berndt. Eine besondere Bedeutung könnte ein Vitamin-A-Mangel in früher Kindheit oder bereits in der Schwangerschaft spielen. Vitamin A ist besonders wichtig für reibungslose Entwicklung und Teilung von Schleimhaut-Zellen in der Lunge und im Magen. Ein Mangel dieses Vitamins kann die Zellen schon zu Beginn des Lebens schwächen und dadurch empfindlicher für später einwirkende Schadstoffe machen. Beachten Sie aber: Auch eine Vitamin-A-Überdosierung kann sich negativ auf die Gesundheit Ihres Kindes auswirken.

Die wichtigsten Tipps zum Schutz vor Krebserkrankungen

Krebserkrankungen sind natürlich nicht alleine die Folge eines ungünstigen Geburtsmonats. Der Lebensstil spielt auch hier wieder eine ganz entscheidende Rolle. Sollte Ihr Geburtstag zufällig in die Risikomonate fallen, können Sie durch eine entsprechende Lebensweise viel für eine stabile Gesundheit tun. Wir empfehlen allen Januar- bis April-Geborenen:

- Rauchen Sie nicht – Rauchen ist einer der gefährlichsten Risikofaktoren für Krebs.
- Essen Sie wenig Fleisch und Wurst, dafür häufig Obst und Gemüse. Als einfache Richtlinie sollten Sie sich merken: Täglich fünf Portionen (eine Portion = eine Hand voll) Pflanzenkost.
- Ergänzen Sie Ihre Ernährung täglich mit Vitamin A und C sowie mit Selen.
- Vermeiden Sie Übergewicht und sorgen Sie für regelmäßige moderate Bewegung.

Warum Sommerkinder mit einem Zahnarzt und einem Orthopäden befreundet sein sollten

Japanische Wissenschaftler überraschten kürzlich die Fachwelt mit der Feststellung, dass der Geburtsmonat einen ganz entscheidenden Einfluss auf die Knochenfestigkeit hat: Männliche und weibliche Sportstudenten, die in den Monaten Juli bis Oktober geboren wurden, hatten ein deutlich höheres Risiko für Knochenbrüche als ihre Kommilitonen, die in der übrigen Zeit des Jahres auf die Welt kamen. Interessanterweise bestand dieser Zusammenhang zwischen Geburtsmonat und Knochenfestigkeit nicht nur in jungen Jahren, sondern wirkte sich sogar negativ bis ins hohe Alter aus. Auch ältere Menschen, die in den gleichen Monaten Geburtstag hatten, brachen sich öfter die Knochen.

Für gute Zähne sind ähnliche Faktoren wichtig wie für feste Knochen. Deshalb ist es nicht verwunderlich, dass die zwischen Juli und Oktober Geborenen auch häufiger unter Karies und anderen Zahnschäden litten (Miura et al. 1987).

Wie lassen sich diese Zusammenhänge erklären? Die Entwicklung der Zähne beginnt schon zu einem frühen Zeitpunkt im Mutterleib. Sowohl die Milchzähne als auch die bleibenden Zähne werden um den dritten Schwangerschaftsmonat herum angelegt. Auch die Entwicklung der Knochen beginnt zu einem ähnlich frühen Zeitpunkt. Diese wichtige Phase liegt bei den im Juli bis Oktober Geborenen in den sonnenarmen Monaten, in denen unser Organismus weniger Vitamin D produziert. Dadurch kann es bei der Geburt zu einer geringeren Knochenmasse und kariesanfälligeren Zähnen kommen. Die negativen Auswirkungen können bis ins Erwachsenenalter hineinreichen.

Die wichtigsten Tipps für feste Knochen und gesunde Zähne

Auch Juli- bis Oktober-Geborene können aktiv eine ganze Menge zur Festigkeit von Knochen und Zähnen beitragen und damit die ihnen in die Wiege gelegten Risiken mindern.

- Feste Knochen und Zähne benötigen ausreichend Mineralstoffe und Spurenelemente. Nehmen Sie täglich mindestens 1 Gramm Kalzium und 400 I. E. Vitamin D. Auch das Spurenelement Fluor ist wichtig für die Entwicklung von Knochen und Zähnen.
- Sie können den Kalzium- und Fluor-Bedarf auch über die Nahrung decken: Besonders viel Fluor ist in schwarzem Tee, Mineralwässern, Fisch und fluoriertem Speisesalz enthalten. Kalziumlieferanten sind insbesondere Milchprodukte und kalziumreiche Mineralwässer.
- Um die Vitamin-D-Bildung anzuregen, sollten Sie sich täglich mindestens 30 Minuten im Freien aufhalten.
- Treiben Sie regelmäßig Sport, um die Knochenfestigkeit zu erhalten. Vor allem Training mit Gewichten, Power- oder Nordic-Walking sind geeignete Sportarten.
- Vermeiden Sie zucker- und säurehaltige Nahrungsmittel und verzichten Sie auf häufige Zwischenmahlzeiten, um das Kariesrisiko zu vermindern.
- Juli- bis Oktober-Geborene sollten zudem regelmäßig ihre Zähne vom Zahnarzt mit einem Fluorlack versiegeln lassen. Dieser schützt einige Monate vor der Kariesneubildung.
- Halten Sie die Anzahl kariesverursachender Bakterien in der Mundhöhle niedrig. Ein Speicheltest kann Auskunft über das individuelle Kariesrisiko und die Notwendigkeit entsprechender Maßnahmen geben.

Die wichtigsten Tipps für Mütter, die ein Kind zwischen Juli und Oktober erwarten

Von Ihrem Verhalten während der Schwangerschaft hängt die Stabilität der Knochen und die Qualität der Zähne Ihres Kindes entscheidend ab.

- Rauchen Sie nicht! Untersuchungen haben gezeigt, dass dadurch die Knochenmasse des Babys nach der Geburt zehn Prozent niedriger ist als bei Kindern nichtrauchender Mütter.
- Treiben Sie regelmäßig Sport, aber nur mit mäßiger Intensität. Anstrengender Sport der Mutter kostet die Babys acht Prozent Knochenmasse (Cooper 2001).
- Sorgen Sie für eine ausreichende Zufuhr an Mineralstoffen und Spurenelementen. Für feste Knochen und Zähne sollten Sie während der Schwangerschaft täglich 1 Gramm Kalzium, 400 I. E. Vitamin D und 1 mg Fluor einnehmen. Weitere Empfehlungen für Nahrungsergänzungen in der Schwangerschaft finden Sie im Anhang.
- Was viele Mütter nicht wissen: Karies ist ansteckend! Durch Ablecken des Schnullers bzw. des Löffels werden ihre Karieskeime auf das Kind übertragen.

Ein kalter Geburtstag und seine Folgen

Im Rahmen der Recherchen zu diesem Buch hat uns die DAK Hamburg freundlicherweise die anonymisierten Daten (Geburtsmonat und Krankheit) von mehr als 250 000 Patienten zur Verfügung gestellt. Darunter befanden sich 5751 Übergewichtige, 28 000 Personen mit Zuckerkrankheit sowie 83 000 Personen mit Erkrankungen des Herz-

Kreislauf-Systems. Wir werteten diese unterschiedlichen Diagnosen nach dem Geburtsmonat der Patienten aus und stießen dabei auf erstaunliche Zusammenhänge (Axt, Axt-Gadermann 2004).

Winterkinder neigen später zu Übergewicht, ...

Auffallend war, dass mit Abstand die meisten Übergewichtigen im Januar geboren wurden. Rank und schlank scheinen hingegen häufiger Personen zu sein, die im vierten Quartal auf die Welt kamen. Am seltensten litten November-Geborene unter Übergewicht (siehe Grafik).

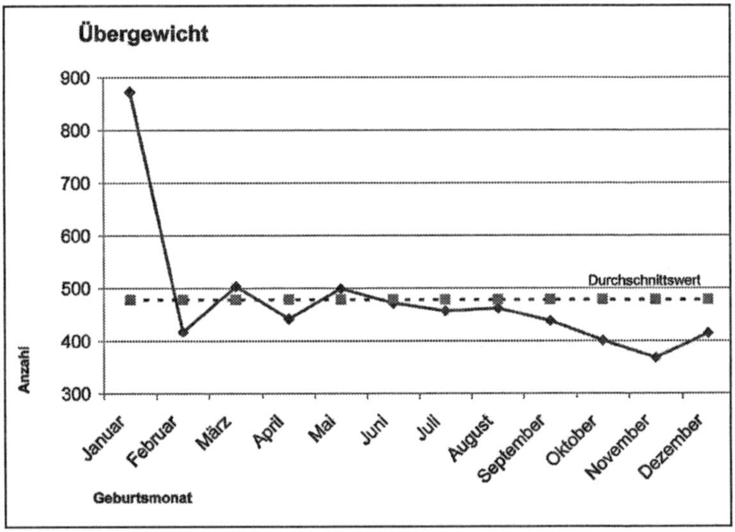

Abb. 7: Verteilung der Geburtstage von 5751 Patienten mit der Diagnose Übergewicht auf die Monate des Jahres. Auffallend ist die starke Konzentration von Übergewichtigen, die im Januar Geburtstag feiern. Am seltensten wurde die Diagnose Übergewicht bei Personen gestellt, die im November auf die Welt kamen. (Quelle: DAK 2004, Axt, Axt-Gadermann 2004)

Zu einem ähnlichen Ergebnis kamen auch die britischen Wissenschaftler Phillips und Young (Phillips, Young 2000). Sie bestimmten bei 1750 Personen, die zwischen 1920 und 1930 in Hertfordshire geboren wurden, Körpergröße und Gewicht und brachten diese Daten in Relation zum Geburtsmonat. Tatsächlich war die Neigung zu Übergewicht bei Personen, die in den kalten Wintermonaten am Jahresanfang zur Welt kamen, deutlich höher als bei Menschen, die in der zweiten Jahreshälfte geboren wurden. Der frühe Kältekontakt könnte – so die Vermutung der Studienleiter – die Entwicklung von Gewichtsproblemen im späteren Leben begünstigen. Eine dickere Fettschicht schützt die Winterbabys vor dem Auskühlen, leider verschwinden die Pölsterchen im späteren Leben nicht immer.

... Zuckerkrankheit ...

Übergewicht ist gleichzeitig auch der wichtigste Risikofaktor für Alterszucker. Wenn der Geburtsmonat tatsächlich Einfluss auf unsere Gesundheit nimmt, müssten diese beiden Krankheiten im gleichen Monat gehäuft auftreten. Die von uns ausgewerteten Daten brachten ein eindeutiges Ergebnis: Auch Zuckerkranke werden häufiger im Januar geboren. Wer in dieser Zeit seinen Geburtstag feiert, ist doppelt so stark gefährdet wie seine in den anderen Monaten geborenen Mitmenschen. Schon im Februar sinkt die Diabetesrate auf den Durchschnittswert. Im November und Dezember liegt das Risiko für Zuckerkrankheit am niedrigsten (siehe Grafik).
Ein typischer Januar-Geborener ist der amerikanische Rock-'n'-Roll-Star Elvis Presley (* 08. 01. 1935). Er hatte nicht nur jahrelang Probleme mit Übergewicht und Fettsucht, sondern litt auch unter Diabetes. Vielleicht liegen

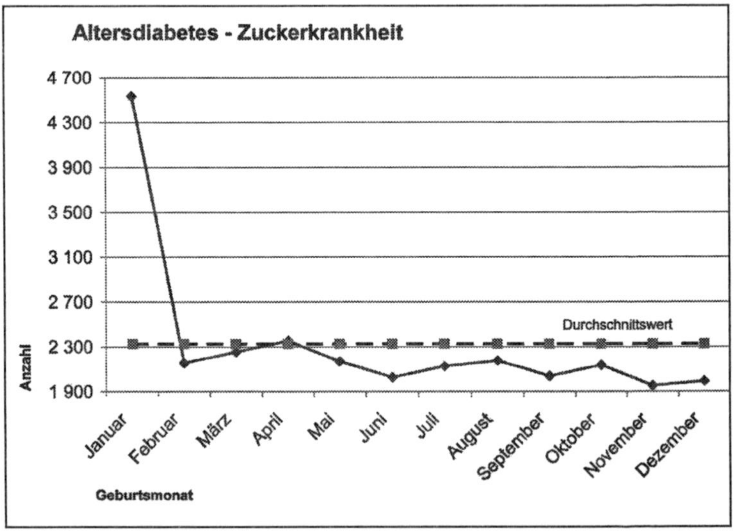

Abb. 8: Verteilung der Geburtstage von 27 924 Patienten mit der Diagnose Zuckerkrankheit auf die Monate des Jahres. Auffallend ist die starke Konzentration von Diabetikern, die im Januar Geburtstag feiern. Am seltensten wurde die Diagnose bei Personen gestellt, die im November auf die Welt kamen. (Quelle: DAK 2004, Axt, Axt-Gadermann 2004)

seine Gewichtsprobleme nicht nur an seinen Vorlieben für Fastfood, Alkohol und Süßigkeiten, sondern die Problemzonen wurden ihm bereits in die Wiege gelegt.

... und Herzbeschwerden

Kaltes Wetter um den Geburtstag herum scheint auch das Risiko für weitere Zivilisationskrankheiten deutlich zu erhöhen. Lawlor und Mitchell von der Universität Bristol untersuchten 4286 Frauen zwischen 60 und 79 Jahren, die zwischen 1919 und 1940 in 23 verschiedenen britischen Städten geboren wurden, und stellten dabei fest, dass

Frauen, die im Winter Geburtstag feierten, häufiger einen hohen Cholesterinspiegel, eine verminderte Lungenfunktion sowie eine erhöhte Anfälligkeit für Herzkrankheiten aufwiesen. Studienteilnehmer, die in den kältesten Monaten des Jahres auf die Welt kamen, hatten sogar ein um 24 Prozent erhöhtes Risiko, später im Leben eine Herzerkrankung zu bekommen (Lawlor 2004).
Auch für unsere Region gilt: Wer am Jahresanfang das Licht der Welt erblickt, muss im späteren Leben besonders gut auf seine Gefäße Acht geben, denn das höchste Risiko für diese Erkrankungen haben diejenigen, die im ersten Quartal des Jahres Geburtstag haben, März-Geborene

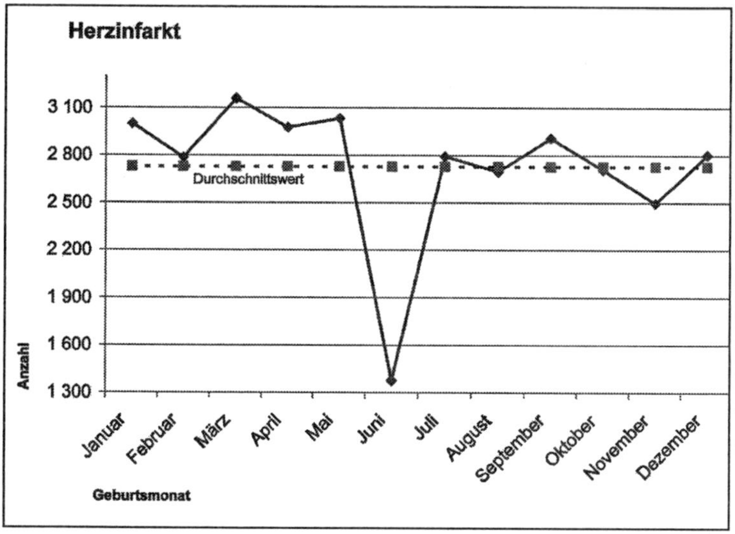

Abb. 9: Herzinfarkt: Verteilung der Geburtstage von 30 620 Patienten mit der Diagnose Herzinfarkt auf die Monate des Jahres. Vor allem Junigeborene erkranken auffallend selten an einem Herzinfarkt. Bei März-Geborenen kommt diese Erkrankung hingegen häufiger vor.
(Quelle: DAK 2004, Axt, Axt-Gadermann 2004)

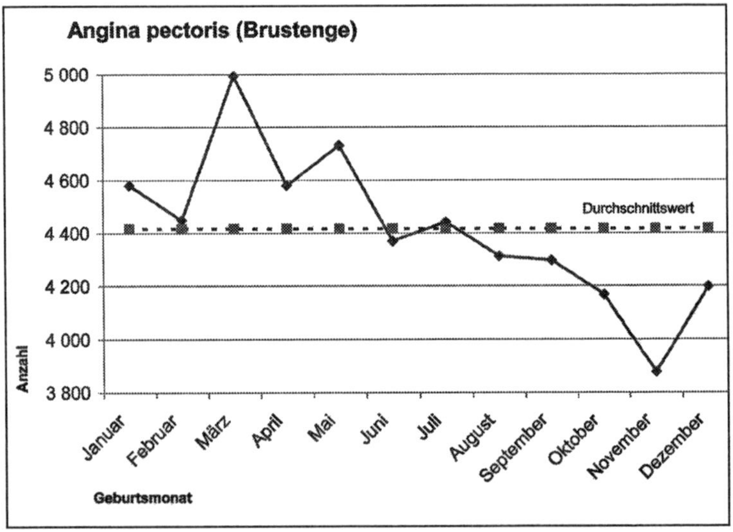

Abb. 10: Angina pectoris: Verteilung der Geburtstage von 52 999 Patienten mit der Diagnose Angina pectoris auf die Monate des Jahres. Unter Angina pectoris versteht man ein Engegefühl in der Brust, das vor allem bei Stress und körperlicher Belastung auftritt. Angina pectoris kann ein Warnzeichen für Herz-Kreislauf-Erkrankungen sein. Auffallend häufig wurde diese Diagnose bei März-Geborenen gestellt. Wer im November Geburtstag feiert, leidet deutlich seltener unter diesen Beschwerden. (Quelle: DAK 2004, Axt, Axt-Gadermann 2004)

scheinen hierbei noch etwas stärker gefährdet zu sein. Das gesündeste Herz haben hingegen mit Abstand die im Juni Geborenen, das geringste Risiko für Schäden an den Gehirngefäßen weisen alle, die im vierten Quartal auf die Welt gekommen sind, auf. Hierbei schneiden die November-Geborenen besonders gut ab (Axt, Axt-Gadermann 2004, DAK 2004).

Bisher wurden vor allem falsche Ernährung und Bewegungsmangel als Risikofaktoren für Zuckerkrankheit, Übergewicht und Herz-Kreislauf-Erkrankungen diskutiert.

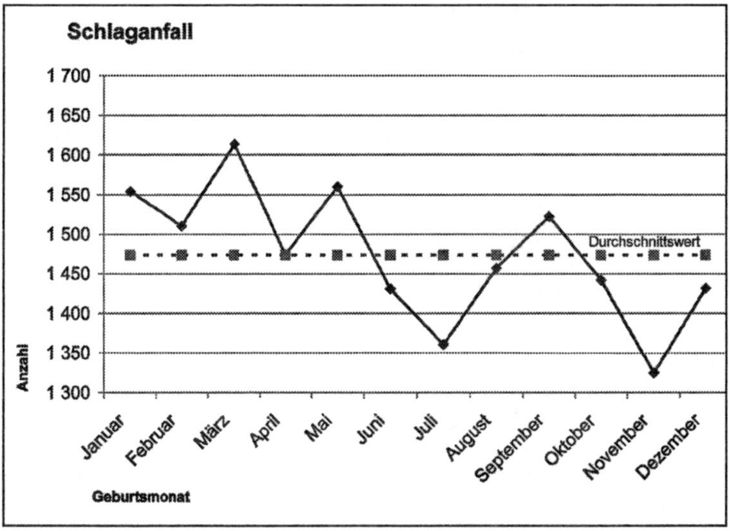

Abb. 11: Verteilung der Geburtstage von 17 682 Patienten mit der Diagnose Schlaganfall auf die Monate des Jahres. Vor allem Juli- und November-Geborene erkranken auffallend selten an einem Schlaganfall. Bei März-Geborenen kommt diese Erkrankung hingegen häufiger vor.

(Quelle: DAK 2004, Axt, Axt-Gadermann 2004)

Zukünftig wird man möglicherweise auch den Geburtsmonat als unabhängigen Risikofaktor in die Präventionsüberlegungen mit einbeziehen müssen.

Die wichtigsten Tipps zum Schutz vor Zivilisationskrankheiten

Sollten Sie in einem »kritischen Monat« geboren worden sein, ist ein herzfreundlicher Lebensstil für Sie besonders wichtig:

- Rauchen Sie nicht – bereits eine Schachtel tgl. erhöht Ihr Risiko für Herz-Kreislauf-Probleme deutlich.
- Regelmäßige moderate Bewegung wirkt sich günstig auf

Gewicht, Blutzucker- und Cholesterinspiegel sowie auf das Herz-Kreislauf-Risiko aus.

- Lassen Sie regelmäßig folgende Blutwerte kontrollieren: Gesamtcholesterinspiegel, Triglyceride, Homocystein, CRP.
- Nehmen Sie diese Nahrungsergänzungsstoffe ein: 400 µg Folsäure, 20 mg Vitamin B 3, 10 mg Vitamin B 6, 10 µg Vitamin B12, 100 µg Selen, 10 mg Zink. Außerdem Omega-3-Fischöl-Kapseln, falls Sie nicht zweimal wöchentlich Fisch verzehren.
- Wenn bei Ihnen ein erhöhter Blutzuckerspiegel festgestellt wurde, sollten Sie die Nahrung mit dem Spurenelement Chrom ergänzen.

Zwei Schauspieler – ein Schicksal

Im Gegensatz zum Altersdiabetes ist die Zuckerkrankheit bei Jugendlichen (Typ 1 Diabetes) mit einem anderen Geburtsmonat verbunden. Immer wieder werden Virusinfekte mit dem Auftreten dieser speziellen Form der Zuckerkrankheit bei Jugendlichen in Verbindung gebracht. Bekannt ist, dass Kinder, die im Mutterleib mit Röteln infiziert wurden, später deutlich häufiger Diabetes bekommen. Aber auch andere Virusinfekte während der Schwangerschaft und in den ersten Lebensmonaten werden in diesem Zusammenhang diskutiert (Hyoty 1995). Aufgrund der unterschiedlichen Ursachen ist es deshalb nicht verwunderlich, dass die Risikomonate für Alterszucker und jugendlichen Diabetes nicht identisch sind.
Halle Berry (* 14. 08. 1966) und Michael J. Fox (* 09. 06. 1961) sind Prominente, die zwei Dinge gemeinsam haben: Sie wurden im Sommer geboren und leiden unter

der jugendlichen Form der Zuckerkrankheit. Eine britische Studie mit fast 4500 Typ-1-Diabetikern, die zwischen 1974 und 1988 geboren wurden, zeigt eindeutig, dass die beiden Schauspieler zur Risikogruppe gehören, denn zwischen März und August Geborene haben ein deutlich höheres Risiko für diese Erkrankung. Kinder, die zwischen September und Februar auf die Welt kommen, leiden dagegen deutlich seltener unter Zuckerkrankheit (Rothwell 1996).

Frühlings-Geborene sind häufiger magersüchtig

Auch für krankhaftes Untergewicht, die Magersucht, gibt es »riskante« Geburtsmonate. John Eagles vom Royal Cornhill Hospital in Aberdeen hat den Zusammenhang zwischen Geburtstag und Magersucht näher beleuchtet. Dazu analysierte er die Geburtsdaten von 446 Patientinnen, bei denen zwischen 1965 und 1997 die Diagnose Magersucht gestellt wurde, und verglich diese mit dem Geburtsmonat von mehr als 5000 gesunden Personen. Vor allem unter den von März bis Juni geborenen Frauen lag der Anteil der Untergewichtigen um 13 Prozent über dem Durchschnitt. Im Monat Juni waren sogar 30 Prozent mehr betroffen als statistisch zu erwarten gewesen wäre. Eagles vermutet, dass möglicherweise banale Infektionen mit Erkältungs- und Grippeviren – die in den Wintermonaten häufiger sind – das noch ungeborene Baby schädigen und dadurch später anfälliger für Magersucht machen (Eagles 2001). Auch wenn bisher noch keine konkreten Beweise für den Zusammenhang zwischen Magersucht und Viren vorliegen, sollten sich Schwangere generell vor Infekten schützen.

Im Sommer spielt der Darm verrückt

Die amerikanische Sängerin Anastacia ist nicht nur bekannt für ihre Musik, sondern auch für ihr attraktives Aussehen und ihre oft bauchfreie Bekleidung. Wer genau hinsieht, dem fällt eine große Narbe am Bauch auf. Sie ist Folge einer Operation, der sie sich im Alter von 13 Jahren unterziehen musste. Man vermutete zunächst einen Darmtumor, der aber zum Glück nicht bestätigt wurde. Ursache für die Beschwerden war eine Morbus-Crohn-Erkrankung. Durchfall, Bauchschmerzen, Krämpfe und typische Veränderungen im Darm sind die Hauptzeichen dieser Krankheit. Die genauen Ursachen des Morbus Crohn sind leider noch nicht bekannt. Kürzlich stellte man jedoch einen engen Zusammenhang zwischen dem Geburtsmonat und dem Auftreten der Erkrankung fest. Dänische Wissenschaftler verglichen die Geburtsdaten von 627 Personen, die an M. Crohn litten, mit einer Gruppe gesunder Personen und fanden dabei für August- und September-Geborene ein deutlich höheres Risiko. Februar- und März-Geborene waren am seltensten betroffen (Sörensen 2001). Auch Anastacia gehört demnach zur »Hochrisikogruppe« für M. Crohn: Sie wurde am 17. September 1973 geboren.
Sommerkinder scheinen aber auch für andere Darmerkrankungen anfälliger zu sein. Die so genannte Zöliakie oder auch glutensensitive Enteropathie genannt, stellt ein relativ weit verbreitetes Gesundheitsproblem dar. Die Betroffenen vertragen vor allem glutenhaltige Nahrungsmittel wie Weizen, Grünkern, Hafer, Dinkel, Roggen und Gerste nicht und reagieren auf den Genuss mit Darmentzündung und Durchfällen. In einer schwedischen Studie wurden die Geburtsmonate von 2151 betroffenen Kindern

mit den Geburtstagen einer gesunden Gruppe verglichen (Ivarsson 2003). Ein deutlich höheres Zöliakierisiko hatten vor allem Kinder, die im Sommer auf die Welt kamen. Auch wenn der Zusammenhang zwischen Geburtsmonat und entzündlichen Darmerkrankungen wie M. Crohn oder Zöliakie noch nicht eindeutig geklärt ist, so gibt es doch deutliche Hinweise dafür, dass Infektionen zu einem bestimmten Zeitpunkt der Schwangerschaft oder in den ersten Lebensmonaten die Anfälligkeit für diese Darmerkrankung erhöhen. Neugeborene haben zunächst einen keimfreien Darm. Schützende, aber auch schädliche Darmbakterien gelangen in den ersten Monaten in den Darm und bestimmen so über die spätere Qualität der Darmflora. Möglicherweise ist eine frühe Besiedelung des Darms mit weniger günstigen Keimen ein Risikofaktor für die Entwicklung einer Darmentzündung im späteren Leben. In den Sommermonaten ist das Risiko für Magen-Darm-Infekte deutlich höher, da sich bei warmen Temperaturen schädliche Bakterien in Speisen und Getränken teilweise explosionsartig vermehren können. Menschen mit einer Anlage für M. Crohn scheinen Darminfekte insgesamt schlechter abwehren zu können. Diese Theorie wird durch Erkenntnisse aus der Tiermedizin gestützt. Während Humanmediziner bei der Erforschung der Ursachen entzündlicher Darmerkrankungen noch weitgehend im Dunklen tappen, sind die Veterinäre scheinbar schon einen Schritt weiter. Bei Tieren kennt man die John'sche Krankheit, auch Paratuberkulose genannt, die Symptome sind nahezu identisch mit denen des M. Crohn. Die Übeltäter sind bestimmte Bakterien (Mycobakterium avium), die von den infizierten Kühen mit dem Kot ausgeschieden werden und in der Milch nachweisbar sind. Die gleichen Mikroorganismen hat man inzwischen auch bei Patienten mit M. Crohn gefunden. Durch eine mehrmonatige Antibiotikaeinnahme klangen die Beschwerden bei einem Großteil der Patienten ab (Feldmeier 2004).

Die wichtigsten Tipps für Mütter, die ein Kind im Sommer erwarten

M. Crohn ist eine relativ seltene Erkrankung. Man schätzt, dass jährlich etwa zwei von 100 000 Menschen daran erkranken. Unter Glutenunverträglichkeit (Zöliakie) leidet etwa einer von 1000. Da beide Krankheiten nicht allzu häufig sind, muss man sich keine übertriebenen Sorgen machen, wenn das Kind in den sommerlichen Risikomonaten geboren wird. Dennoch können Sie einiges für eine gesunde Darmentwicklung tun.

- Ernähren Sie Ihr Kind im ersten Lebensjahr glutenfrei. Geben Sie ihm keine Nahrungsmittel, die Weizen, Grünkern, Hafer, Dinkel, Roggen oder Gerste enthalten.
- Stillen Sie, wenn möglich, Ihr Kind. Das fördert den Aufbau einer gesunden Darmflora und stärkt das Abwehrsystem.
- Unterstützen Sie in den ersten Lebensjahren durch probiotische Nahrungsmittel (z.B. Joghurt) den frühzeitigen Aufbau einer gesunden Darmflora.

Allergien – das große Nasenkribbeln

Nach Angaben des Ärzteverbandes Deutscher Allergologen (ÄDA) klagt inzwischen jeder Dritte ständig oder zeitweise über Heuschnupfen, allergisches Asthma oder Hauterkrankungen. Ob wir an Allergien, Asthma oder Neurodermitis erkranken, hängt etwa zur Hälfte von den

Erbanlagen und zur anderen Hälfte von Umwelteinflüssen ab. Sind ein oder beide Elternteile allergisch, steigt das Allergierisiko für die Nachkommen auf 40 bis 70 Prozent. Doch auch Umwelteinflüsse tragen zur Ausbildung von Allergien bei. So erhöhen möglicherweise zu wenige Infekte in der Kindheit, eine zu saubere Umwelt und rauchende Eltern das Allergierisiko ganz erheblich.

Seit kurzem kennen wir einen weiteren Risikofaktor. Prof. Bertil Forsberg und Mitarbeiter untersuchten den Einfluss des Geburtsmonats auf das Risiko, später an Asthma zu erkranken. Die Ergebnisse wurden auf dem 12. Kongress der European Respiratory Society in Stockholm (September 2002) vorgestellt: Forsberg erklärte, dass Babys, die im April und Mai geboren werden, von allen Kindern das höchste Asthmarisiko aufweisen. Am besten geschützt vor Atemwegserkrankungen sind Kinder, die im August und September auf die Welt kommen.

Ähnlich sieht es mit der Entwicklung einer Pollenallergie aus: Betroffen sind hier vor allem Kinder, die zwischen Januar und April geboren werden. Sie haben ein um 30 Prozent höheres Risiko, eine Pollenallergie zu entwickeln, als Kinder, die erst in der zweiten Jahreshälfte das Licht der Welt erblicken und somit erst 6 Monate später mit hohen Pollenkonzentrationen in der Atemluft konfrontiert werden (Diel 1990, Ring 1991).

Anders sind die Risikomonate für Neurodermitis verteilt. Vor allem Herbstkinder entwickeln die juckenden Ekzeme, wie eine Untersuchung an mehr als 33 000 Kindern zeigte. Frühlings-Geborene sind hingegen seltener betroffen (Kusonoki 1999).

Wie lassen sich die Zusammenhänge zwischen dem Geburtsmonat und einer erhöhten Anfälligkeit für Allergien und Hauterkrankungen erklären? Umwelteinflüsse, die in den letzten Monaten der Schwangerschaft und in den ersten Lebensmonaten auf das ungeborene bzw. gerade geborene Kind einwirken, sind von entscheidender Bedeutung für die Entwicklung von Allergien. Eingeatmete Pollen und andere allergieauslösenden Stoffe gelangen wahrscheinlich über das Blut der Mutter zum ungeborenen Kind und bahnen so den allergischen Reaktionen in der frühen Kindheit den Weg. Allergisches Asthma wird häufig durch allergieauslösende Baumpollen wie Haselnuss-, Erlen- und Birkenpollen, die in hoher Konzentration von Februar bis Ende Mai in der Luft sind, verursacht. Bei der Neurodermitis spielen unter anderem Hausstaubmilben eine wichtige Rolle. Deren Konzentration in der Atemluft ist im Herbst und Winter am höchsten.

Die wichtigsten Tipps für Mütter, die ein Kind erwarten, das ein erhöhtes Risiko für Allergien und Neurodermitis hat

Das Allergierisiko wird neben den Erbanlagen auch vom Geburtsmonat und weiteren Faktoren bestimmt. Wenn für Ihr Kind eine erhöhte Gefahr besteht, Allergien zu entwickeln, können Sie vorbeugend eine Menge tun.

- Allergien und Hautkrankheiten treten im Zusammenhang mit bestimmten Geburtsmonaten gehäuft auf. Wenn Sie Nachwuchs planen, können Sie die Allergiegefahr durch Planung des Geburtstermins verringern. Optimal ist es, wenn der Säugling in den ersten Monaten keiner starken Pollenbelastung ausgesetzt ist. Ein Geburtstermin im Juli, August oder September scheint das Risiko für Asthma und Pollenallergien deutlich zu verringern.
- Stillen Sie Ihr Kind mindestens sechs Monate. Das bietet nachweislich einen guten Schutz vor späteren Allergien.
- Werden Sie nicht zum Putzteufel! In einer zu sauberen

Gesundheitliche Stärken und Schwächen in Abhängigkeit vom Geburtsmonat

Gesundheitliche Stärken und Schwächen	Jan	Feb	Mär	Apr	Mai	Jun	Jul	Aug	Sept	Okt	Nov	Dez
Allergien (Pollenallergien)	+	+	+	+	0	0	0	0	0	0	0	0
Angina pectoris (Brustenge)	0	0	++	0	0	0	0	0	0	0	– –	0
Asthma	0	0	0	+	+	0	0	–	–	0	0	0
Cholesterinspiegel	+	+	+	0	0	0	0	0	0	0	0	0
Darmerkrankungen (M. Crohn)	0	–	–	0	0	0	0	+	+	0	0	0
Depressionen	0	0	+	+	+	0	0	0	0	0	0	0
Geburtsgewicht	–	–	0	0	0	0	0	+	+	+	0	–
Glutenunverträglichkeit (Zöliakie)	0	0	0	0	+	+	+	+	0	0	0	0
Herzinfarkt	0	0	++	0	0	– –	0	0	0	0	0	0
Karies	0	0	0	0	0	0	+	+	+	+	0	0
Krebserkrankungen	+	+	+	+	–	–	–	–	0	0	0	0
Knochenbrüche	0	0	0	0	0	0	+	+	+	+	0	0
Mentale Beeinträchtigungen	+	+	+	0	0	0	0	0	0	0	0	+
Neurodermitis	0	0	0	0	0	0	0	0	+	+	+	0
Osteoporose	0	0	0	0	0	0	+	+	+	+	0	0
Schlaganfall	0	0	+	0	0	0	–	0	0	0	– –	0
Übergewicht	++	0	+	0	0	0	0	0	0	–	– –	–
Untergewicht	0	0	+	+	+	++	0	0	0	0	0	0
Zuckerkrankheit (Altersdiabetes)	++	0	0	0	0	0	0	0	0	0	–	–
Zuckerkrankheit (jugendlicher Diabetes)	–	–	+	+	+	+	+	+	–	–	–	–

+ erhöhte Anfälligkeit ++ deutlich erhöhte Anfälligkeit – verringerte Anfälligkeit – – deutlich verringerte Anfälligkeit 0 durchschnittliches Erkrankungsrisiko

Abb. 12: Erkrankungen, bei denen ein Zusammenhang zwischen dem Geburtsmonat und einer erhöhten bzw. verringerten Anfälligkeit festgestellt werden konnte.

und keimfreien Umgebung hat das Abwehrsystem Ihres Kindes keine Trainingsmöglichkeiten, Allergien und Neurodermitis treten häufiger auf.

• Nehmen Sie während der Schwangerschaft und Stillzeit regelmäßig Milchsäurebakterien ein bzw. verzehren Sie täglich probiotische Joghurtprodukte. In einer finnischen Untersuchung konnte nämlich festgestellt werden, dass die Einnahme von Milchsäurebakterien während der Schwangerschaft das Allergierisiko des Babys im späteren Leben deutlich reduziert (Kalliomäki 2003, Rautava 2002).

• Bei erblich stark vorbelasteten Säuglingen kann der IgE-Spiegel im Nabelschnurblut der Neugeborenen bestimmt werden. Ist dieser erhöht, sollte man in den ersten Lebensmonaten besonderen Wert auf eine allergenarme Umgebung legen und das Kind möglichst lange stillen.

Das Wichtigste in Kürze

1. In zahlreichen Untersuchungen konnten Zusammenhänge zwischen dem Geburtsmonat und einem erhöhten bzw. erniedrigten Risiko für bestimmte Erkrankungen festgestellt werden.
2. Auch wenn der Geburtsmonat zukünftig als unabhängiger Risikofaktor für bestimmte Erkrankungen angesehen werden muss, führt der Geburtstag nicht zwangsläufig zu einer bestimmten Krankheit.
3. Wer seine individuellen Risiken kennt, kann durch einen gesundheitsbewussten Lebensstil gezielt vorbeugen.

8. KAPITEL

In diesem Kapitel erfahren Sie,

- warum Herbst-Geborene länger leben
- weshalb die Zeit zwischen September und Februar linkslastig ist
- warum im Frühling die langen Kerle wachsen

Was der Geburtsmonat sonst noch mit uns macht

»Wenn du sehr alt werden willst,
musst du beizeiten damit anfangen!«
JOHANN WOLFGANG VON GOETHE

Herbst-Geborene leben länger

Mütter freuen sich, wenn ihre Kinder im Frühling oder Sommer zur Welt kommen, denn die warme Jahreszeit erleichtert die Organisation von Kindergeburtstagen und Teenagerpartys. Doch Herbst-Geborene sollten nicht den Kopf hängen lassen. Sie können ihren Geburtstag zwar nicht im Sonnenschein verbringen, dafür möglicherweise aber häufiger Freunde und Familie zur Feier einladen. Herbst-Geborene leben nämlich länger, das haben Gabriele Doblhammer-Reiter und James W. Vaupel vom Max-Planck-Institut für demographische Forschung in Rostock festgestellt. Sie untersuchten die Daten von mehr als einer Million Menschen unter anderem aus Österreich, Dänemark, USA und Australien, die zwischen 1968 und 1998 gestorben sind und zum Zeitpunkt ihres Todes 50 Jahre oder älter waren. Der Zugewinn an Lebenszeit betrug für die »europäischen« Herbstmenschen etwa sechs Monate. Noch länger leben im Winter geborene Amerikaner: Sie übertrumpfen mit ihrer durchschnittlichen Lebenserwartung ihre im Sommer geborenen Landsleute sogar um 18 Monate (Doblhammer 2001). Das hört sich zunächst gar nicht so viel an. Aber: »Würde man die Krebssterblichkeit komplett eliminieren, verlängerte sich die Lebenserwartung ›nur‹ um etwa drei Jahre. Daran gemessen ist ein halbes Jahr doch sehr viel«, meint Doblhammer (Doblhammer 2001). »Ein interessantes Detail, das darüber hinaus belegt, wie wenig zufällig die höhere Lebenserwartung ist, findet man in der Verschiebung dieses Musters auf der Südhalbkugel.« Da ist es nämlich genau umgekehrt: Die langlebigen Australier kommen vor allem im zweiten Quartal zwischen April und Juni – dem australischen Herbst – auf die Welt.

Die Grundlage für dieses Phänomen muss bereits im Mutterleib oder in den ersten Lebensmonaten gelegt worden sein, denn anders lässt es sich nicht erklären, dass bei britischen Einwanderern der Zusammenhang zwischen Lebenserwartung und Geburtsmonat dem ihrer Heimat in der nördlichen Hemisphäre entspricht und sich nicht dem der Australier anpasst. Auch wenn sicher noch viele Fragen offen sind, so ist die Bedeutung dieser »early-life factors« inzwischen unbestritten. Wissenschaftler führen die längere Lebenserwartung der Herbst-Geborenen auf die besseren Bedingungen für die Nachkommen während der Schwangerschaft und in den ersten Lebensjahren zurück. Im Frühling und Sommer sind die Mütter in der Regel besser mit Vitaminen und anderen Nährstoffen versorgt. Außerdem tragen in dieser Jahreszeit das geringere Infektionsrisiko und die stärkere Sonnenstrahlung zur besseren Entwicklung des Kindes bei.

Die Hälfte Ihrer Lebenserwartung liegt in Ihrer Hand

Wenn es um die Lebenserwartung geht, spielt der Geburtsmonat – da sind sich die Initiatoren der Studie sicher – eine nicht zu unterschätzende Rolle: »Umwelteinflüsse, denen der Mensch im Mutterleib und in den ersten Lebensjahren ausgesetzt ist, können bis zu einem Viertel für das Variieren menschlicher Langlebigkeit verantwortlich gemacht werden. Ein weiteres Viertel hat genetische Ursachen und die verbleibenden zwei Viertel verteilen sich auf die erwachsenen bzw. jeweils aktuellen Lebensumstände« (Doblhammer 2001).

Auch wenn wir auf Geburtsmonat und Erbanlagen keinen Einfluss nehmen können, so haben wir doch 50 Prozent der Faktoren, die unsere Lebenserwartung bestimmen, in der eignen Hand. Sollten Sie nicht zu den langlebigen Herbst-Geborenen gehören, können Sie dieses »Defizit« durch eine entsprechende Lebensweise ausgleichen. Die bisher am besten untersuchte Methode, die bei Säugetieren und auch beim Menschen sowohl das Altern verlangsamen als auch das Leben verlängern kann, ist eine eingeschränkte Kalorienzufuhr. Zahlreiche Untersuchungen belegen diesen Tatbestand. Bereits in den dreißiger Jahren des vergangenen Jahrhunderts konnte der amerikanische Biologe und Ernährungswissenschaftler Clive M. McCay von der Cornell University das Leben von Laborratten durch eine Einschränkung der Kalorienzufuhr um mehr als 50 Prozent verlängern. Die Ratte, welche das Experiment am längsten überlebte, wurde 1800 Tage alt. Das entspricht einer menschlichen Lebensdauer von etwa 200 Jahren (Axt, Axt-Gadermann 2000). Zu einem ähnlichen Ergebnis kamen auch andere renommierte Altersforscher. Außerdem scheinen sich auch eine vitaminreiche Ernährung, Optimismus, mäßige Bewegung und eine lebenslange geistige Beschäftigung günstig auf die Lebenserwartung auszuwirken (Axt, Axt-Gadermann 2002).

Warum ein Linkshänder kein König werden konnte

Céphas Bansah wurde am 22. August 1948 als Enkel des Königs in Hohoe, Ghana, geboren. Seine Aussichten auf den Thron waren eher schlecht, denn sein Vater und sein ältester Bruder standen in der Rangfolge noch vor ihm. Dennoch wird Bansha 1992 nach dem Tod des Großvaters die Königswürde übertragen. Der Grund: Vater und Bruder sind Linkshänder und kommen deshalb nach landesüblicher Sitte als Nachfolger nicht in Frage *(www.linkshaender-seite.de)*.

Die Nachteile im Alltag der Linkshänder in Europa sind sicher weniger schwerwiegend – und manchmal kann es sich bei uns sogar als Vorteil erweisen, wenn man »alles mit links« macht. Vor allem in Ball-, Schlag- und Wurfsportarten haben Linkshänder besonders häufig die Nase vorn. Zwar haben Linkshänder die gleiche Technik wie Rechtshänder, doch sie verwirren ihre Gegner, die häufiger gegen Rechtshänder antreten, durch ihr »spiegelbildliches« Spiel.

Interessant ist, dass auch Linkshändigkeit mit dem Geburtsmonat assoziiert ist. In mehreren Untersuchungen konnte festgestellt werden, dass im Herbst und Winter die meisten Linkshänder das Licht der Welt erblicken. Nach einer Untersuchung von Badian werden Linkshänder besonders häufig im September und November geboren. Insgesamt ist die Zeit zwischen September und Februar deutlich »linkslastiger« als die Frühlings- und Sommermonate zwischen März und August (Badian 1983).

Muhammad Ali (* 17. 01. 1942), Pele (* 23. 10. 1940), Martina Navratilova (* 18. 10. 1956), John McEnroe (* 16. 02. 1959) oder Diego Maradonna (* 30. 10. 1960) sind nur einige Stars aus der internationalen Sportszene, die alles »mit links machen«.

Doch wie kommt es zu dieser Linkslastigkeit? Komplizierte Bewegungsabläufe werden von der dominanten Gehirnhälfte gesteuert. Bei Rechtshändern ist das die linke Hemisphäre, bei Linkshändern ist die rechte Hirnhälfte stärker ausgeprägt.

Auch hierbei spielen Hormone eine entscheidende Rolle. Nach der Testosteron-Hypothese von Norman Geschwind und Albert Galaburda erhöht ein hoher Spiegel der männlichen Hormone vor und kurz nach der Geburt die Wahrscheinlichkeit, später Linkshänder zu werden – das trifft vor allem auf die im Herbst und Winter geborenen Kinder zu (Geschwind 1984).

Sind Sie ein umgeschulter Linkshänder?

Viele im Herbst und Winter Geborene sind Linkshänder, ohne es zu wissen. Wenn Sie zwischen September und Februar Geburtstag haben, dann überprüfen Sie doch einfach einmal, ob Sie ein »gebürtiger« Rechts- oder Linkshänder sind. Dafür gibt es drei einfache Tests:

1. Falten Sie die Hände wie zum Gebet. Liegt Ihr linker Daumen über dem rechten Daumen, dann ist dies ein wahrscheinliches Zeichen für Ihre Linkshändigkeit.
2. Verschränken Sie die Arme vor der Brust. Liegt der rechte Arm über dem linken Arm und zeigen die Finger der linken Hand nach oben, dann ist dies ein weiterer Beleg für eine angeborene Linkshändigkeit.
3. Nehmen Sie – wenn vorhanden – die Ohrringe aus den Ohrläppchen. Drücken Sie nun gleichzeitig und gleichmäßig beide Ohrläppchen mit Daumen und Zeigefinger zusammen. Erhöhen Sie langsam den Druck. An welchem

Ohr empfinden Sie den Druck schmerzhafter? Ist es das linke Ohr, ist das noch ein Indiz für Linkshändigkeit.
Je mehr Tests bei Ihnen auf Linkshändigkeit hindeuten, desto wahrscheinlicher ist, dass Sie tatsächlich ein Linkshänder sind. Die Tests decken ursprüngliche Bewegungsmuster auf, die von den Eltern bei der Umerziehung meist »übersehen« und deshalb nicht korrigiert werden.

Im Frühling wachsen nicht nur die Pflanzen

Wahrscheinlich sind Sie der Meinung, dass die Körpergröße der Nachkommen von den Erbanlagen der Eltern und Großeltern abhängt. Sicher haben Sie Recht, wenn Sie diese Feststellung als grobes Raster ansehen. Aber wahrscheinlich ist Ihnen auch aufgefallen, dass Geschwister unterschiedlich groß sein können. Stellen Sie einmal fest, wann diese Kinder Geburtstag haben. Zwei Untersuchungen weisen darauf hin, dass vor allem im Frühjahr Geborene das Zeug zum Basketballspieler oder Hochspringer haben. So sind im Frühjahr geborene Rekruten größer als Wehrpflichtige, die in den übrigen Monaten zur Welt kamen – das ergab eine Untersuchung der Universität Wien an mehr als 500 000 Personen (Weber 1998). Interessant war bei diesen Untersuchungen, dass die Körpergrößenunterschiede in jedem Jahr in gleicher Weise wellenförmig fluktuierten. Jedes Jahr waren die im Frühjahr Geborenen größer als die im Herbst Geborenen. Die Wissenschaftler vermuten, dass dabei die unterschiedliche Sonnenscheindauer eine Rolle spielt. Unter anderem beeinflusst die tägliche Sonnenlichtmenge die Produktion verschiedener Hormone, die direkt oder indirekt auf das Wachstum Einfluss nehmen.

Die Größenunterschiede lassen sich bereits bei Säuglingen nachweisen. Dr. Jan Wohlfahrt und Mitarbeiter vom dänischen Zentrum für Epidemiologie in Kopenhagen untersuchten mehr als 1 Million Kinder, die zwischen 1973 und 1994 in Dänemark das Licht der Welt erblickten. Hier hatten vor allem April-Babys »die Nase vorn«, am kleinsten waren die Dezember-Babys (Wohlfahrt 1998).

Gute Chancen für kleine Einsteins

Dr. Steve Capps und Kollegen von der Southwest Missouri State University in Springfield fragten 98 Studenten, die wegen Lernschwierigkeiten an einem speziellen Förderungsprogramm teilnahmen nach ihrem Geburtsmonat und verglichen die Daten mit fast 15 000 Universitätsstudenten ohne Lernschwierigkeiten. Das Ergebnis machten sie auf dem jährlichen Kongress der amerikanischen psychologischen Gesellschaft in Miami bekannt. Offensichtlich sind nicht nur Strebsamkeit und Fleiß wichtig für gute Schulnoten und ein erfolgreiches Studium, sondern auch der Geburtsmonat. Die 98 Studenten mit Lernschwierigkeiten hatten häufiger in den Monaten April, Mai, Juni und Juli Geburtstag. Das Risiko war bei ihnen um acht Prozent höher als bei den Studenten, die im Spätsommer, Herbst und Winter das Licht der Welt erblickten *(www.brain.com)*. Gründe für diese Unterschiede sieht Capps in den häufiger auftretenden Virusinfekten während der Wintermonate. In diese Zeit fällt bei April- bis Juni-Geborenen die für die Gehirnentwicklung besonders wichtige Phase, das zweite Schwangerschaftsdrittel. Ein weiterer Grund könnte aber auch darin liegen, dass Frühjahrskinder in der Schule meist die jüngsten in der Klasse sind und dadurch

Körperliche und psychische Besonderheiten in Abhängigkeit vom Geburtsmonat

Körperliche/psychische Besonderheiten	Jan	Feb	Mär	Apr	Mai	Jun	Jul	Aug	Sept	Okt	Nov	Dez
Optimistische Lebenseinstellung	–	–	0	0	0	+	+	+	0	–	–	–
Schüchternheit	0	0	0	+	+	+	0	0	0	0	0	0
Selbstbewusstsein	0	0	0	0	0	0	0	0	0	+	+	+
Lebenserwartung	0	0	0	0	0	0	0	0	0	+	+	+
Linkshändigkeit	+	+	0	0	0	0	0	0	++	+	++	+
Körpergröße	0	0	+	++	+	+	0	0	–	–	–	–
Lernschwierigkeiten	0	0	0	+	+	+	+	0	0	0	0	0

+ erhöhte Anfälligkeit
++ deutlich erhöhte Anfälligkeit
– verringerte Anfälligkeit
– – deutlich verringerte Anfälligkeit
0 durchschnittliches Erkrankungsrisiko

Abb. 13: Körperliche und psychische Besonderheiten, bei denen ein Zusammenhang zwischen dem Geburtsmonat und einer erhöhten bzw. verringerten Anfälligkeit festgestellt werden konnte.

in ihrer körperlichen und geistigen Entwicklung neun bis elf Monate hinter den Klassenältesten zurückliegen. Nicht berücksichtigt wurden in dieser Untersuchung aber andere Fähigkeiten wie Kreativität oder soziale Kompetenz, die ebenfalls den schulischen Erfolg und die spätere Berufswahl beeinflussen können.

Das Wichtigste in Kürze

1. Wer im Herbst Geburtstag feiert, kann sich freuen: Er hat eine höhere Lebenserwartung als seine Mitmenschen, die in anderen Monaten des Jahres geboren wurden.
2. Linkshänder kommen auffallend häufig zwischen September und Februar zur Welt.
3. Wer zwischen März und Juni geboren wurde, hat gute Chancen, relativ groß zu werden.
4. April- bis Juli-Geborene tun sich in manchen Fächern etwas schwerer als ihre Mitschüler.

9. KAPITEL

In diesem Kapitel erfahren Sie,

- welche Bedeutung Ihr Geburtstag für Ihr weiteres Leben hat

- wie Sie Ihre Chancen nutzen und Ihre Risiken minimieren können

Geburtsmonat – Chance oder Schicksal?

»Wie willst du das Unausweichliche ändern?
Indem ich sage, dass es nicht
unausweichlich ist, und dann darangehe,
etwas dagegen zu unternehmen.«
PETER TREMAYNE

Welche individuellen Lebenschancen hält Ihr Geburtstag für Sie bereit?

Wir haben Sie bereits umfassend über die Zusammenhänge zwischen Geburtsmonat und Lebenschancen informiert. Die aktuellen Erkenntnisse dazu waren in den vorhergehenden Kapiteln vor allem nach Themengebieten zusammengefasst. Wahrscheinlich interessiert es Sie aber ganz besonders, welche Chancen und Risiken mit Ihrem eigenen Geburtstag, dem Geburtstag Ihres Partners oder dem Ihrer Kinder und Freunde verbunden sind. Im folgenden Kapitel finden Sie deshalb noch einmal die wichtigsten Ergebnisse – nach Geburtsmonaten geordnet – zusammengefasst. Die Dispositionen für manche Krankheiten oder Verhaltensweisen beziehen sich häufig auf längere Zeitspannen, zum Beispiel ein ganzes Quartal. Wir haben deshalb das Jahr zunächst in Quartale aufgeteilt und hier die Daten zusammengetragen, die auf alle in einem Quartal Geborenen zutreffen. Andere Risiken und Chancen haben nur für einzelne Geburtsmonate Gültigkeit. Aus diesem Grunde finden Sie neben den generellen Informationen für das ganze Quartal noch die individuellen Hinweise für die einzelnen Geburtsmonate.

Erstes Quartal (Januar bis März)

Liebe und Partnerschaft

Januar-Geborene
Januar-Frauen fühlen sich sehr stark zu Januar-, März- und Oktober-Männern hingezogen. Wenn Sie einen Mann mit diesem Geburtsmonat kennen lernen, lohnt sich häufig auch ein verstärktes Engagement, denn eine solche Verbindung endet nicht selten im Hafen der Ehe. Zwischen Januar-Frauen und April-, Juni-, August- und November-Männern springt der Funke nur selten über. Durchschnittlich häufig suchen Januar-Frauen Beziehungen zu Februar-, Mai-, Juli-, September- und Dezember-Männern.
Januar-Männer bevorzugen Januar- und Oktober-Frauen. Juli- und September-Frauen stehen nicht an erster Stelle in ihrer »Liebes-Wunschliste«. Zu Frauen, die in den Monaten Februar, März bis Juni, August, November und Dezember geboren wurden, finden Januar-Männer durchschnittlich häufig Kontakt.

Februar-Geborene
Wenn eine Februar-Frau einen Februar- oder April-Mann trifft, kann leicht aus einem lockeren Flirt eine feste Beziehung werden. Februar-Frauen fühlen sich von Männern mit diesen Geburtsmonaten magisch angezogen. Juli-, Oktober- und Dezember-Männer stehen normalerweise nicht auf dem »Liebes-Kalender« der Februar-Frauen –

Ausnahmen sind jedoch nicht ausgeschlossen. Wenn Februar-Frauen dennoch einen Juli-Geborenen wählen, besteht ein höheres Risiko für eine spätere Trennung. Durchschnittlich häufig gehen Februar-Frauen Verbindungen mit Januar-, März-, Mai-, Juni-, August-, September- und November-Männern ein.

Februar-Männer sind »Feuer und Flamme«, wenn ihnen Februar- oder Oktober-Frauen begegnen. Selbst eingefleischte Junggesellen landen bei diesen Begegnungen häufig auf dem Standesamt. März- und Mai-Frauen dagegen sind für Februar-Männer selten Anlass für eine längere Beziehung. Wenn ein Februar-Mann sich dennoch für eine Mai-Frau entscheidet, wird daraus nicht selten eine explosive Partnerschaft. Vorsicht: Erhöhtes Trennungsrisiko. Durchschnittlich häufig schließen Februar-Männer und Frauen, die im Januar, April, Juni bis September, November und Dezember Geburtstag haben, den Bund der Ehe.

März-Geborene

März-Frauen haben keine besondere Vorliebe für einen bestimmten Monats-Mann. Sie wissen nur, was sie am wenigsten wollen: Februar- und August-Männer. Alle übrigen Monats-Männer werden durchschnittlich häufig gewählt.

März-Männer lassen sich am ehesten von Januar-Frauen verführen. Selten verliebt sich hingegen ein März-Mann in eine Juli-Frau. Heiraten dennoch März-Männer Juli-Frauen, ist das Scheidungsrisiko – nach Kop – achtmal höher als im Durchschnitt. Durchschnittlich häufig sind lang anhaltende Beziehungen zu Frauen, die zwischen Februar bis Juni und August bis Dezember Geburtstag haben.

Studium und Beruf

Januar-Geborene

Der Januar-Geborene hat großes Interesse an Natur und Umwelt. Sein bevorzugtes Studienfach ist deshalb Biologie. Pflege- und Gesundheitsberufe zählen nicht zu den Favoriten der Januar-Geborenen. Alle anderen Studienfächer und Berufe werden durchschnittlich häufig gewählt.

Februar-Geborene

Das von uns ausgewertete Datenmaterial lässt für Februar-Geborene keine besonderen Präferenzen für bestimmte Studienfächer und Berufe erkennen. Sie verteilen sich gleichmäßig auf alle untersuchten Studien- und Arbeitsgebiete. Wir können Ihnen deshalb nur mitteilen, welche Richtungen von Februar-Geborenen selten eingeschlagen werden. Kreativität und künstlerisches Interesse ist ihnen nicht in die Wiege gelegt. Selten studieren sie deshalb Kunst, Theater-, Film- und Medienwissenschaften. Auch das Interesse an Biologie und Sportwissenschaften ist gering. In den anderen Studiengängen und Berufen sind sie durchschnittlich häufig zu finden.

März-Geborene

Die im Monat März Geborenen machen einen Spagat zwischen zwei extremen Positionen: Sie interessieren sich sowohl für Kunst als auch für Technik. Ähnlich extrem verhalten sie sich mit der Ablehnung von Studienfächern. Rechtswissenschaften und Psychologie sind die Fächer, die von März-Geborenen selten gewählt werden. Auf alle andere Studienfächer verteilen sie sich etwa gleichmäßig.

Gesundheit

Januar- bis März-Geborene

Sie sind im ersten Quartal des Jahres geboren worden. In dieser Zeit scheint die Sonne nur wenige Stunden am Tag, die Nächte sind klirrend kalt. Das mag vielleicht der Grund dafür sein, dass Personen, die im ersten Viertel des Jahres geboren wurden, oft einen latenten Hang zu Pessimismus und Traurigkeit haben. Der Grund dafür kann der während den letzten Schwangerschaftsmonaten und den ersten Lebensmonaten herrschende Mangel an Tageslicht sein. Sie sollten deshalb, wann immer es Ihnen möglich ist, in der Sonne spazieren gehen. Denn Bewegung und Sonne verbessern die Stimmung bei allen Menschen. Eine weitere Schwachstelle sind Allergien. Wer im ersten Quartal geboren wird, kommt bereits kurz nach der Geburt mit allergieauslösenden Pollen in Kontakt. Das Immunsystem ist zu dieser Zeit noch nicht voll funktionsfähig und reagiert auf die Allergene mit überschießenden Abwehrreaktionen. Hinzu kommt manchmal noch ein etwas erhöhter Cholesterinspiegel und ein gering erhöhtes Risiko für Krebs. Diese Schwachstellen können Sie durch einen entsprechenden Lebensstil minimieren.

Sind Sie im *Januar* geboren, kommen als weitere Schwachstellen eine erhöhte Neigung zu Übergewicht und Altersdiabetes hinzu. An Übergewicht und Altersdiabetes (Zuckerkrankheit) leiden Januar-Geborene doppelt so häufig wie die in allen anderen Monaten Geborenen. Durch einen entsprechenden Lebensstil können Sie diesen Anlagen entgegenwirken und Ihr Risiko für Zivilisationskrankheiten mindern. Januarkinder sind zudem häufig Linkshänder. Diese Eigenschaft teilen sie mit den im vierten Quartal Geborenen. Linkshändigkeit bringt nicht nur Nachteile. Im

Sport sind Linkshänder gefürchtet, weil der Gegner die Bewegungsabläufe spiegelbildlich wahrnimmt und so nur schlecht darauf reagieren kann.
Sind Sie im *Februar* geboren, können Sie sich vielleicht einmal über eine große Schar von Enkeln freuen. Jedenfalls gibt es statistische Belege für diese Feststellung. Auch der Februar ist ein Monat, in dem mehr Linkshänder als üblich Geburtstag feiern.
Wenn Sie im *März* geboren wurden, dann sollten Sie besonders gut auf ihr Herz-Kreislauf-System achten. Das ist die Haupt-Schwachstelle der März-Geborenen, Sie sollten deshalb ganz besonders auf einen herzfreundlichen Lebensstil Wert legen. Möglicherweise kämpfen sie schon längere Zeit gegen ein paar Pfunde zu viel. Das Gewicht ist häufig – wenn auch nicht ganz so ausgeprägt wie bei Januar-Geborenen – eine Schwachstelle der März-Menschen. Durch eine entsprechende Lebensweise können Sie dem Einfluss des Geburtsmonats aber entgegenwirken und das Risiko für diese Erkrankungen deutlich mindern. Wenn Sie als Mann im März geboren wurden, dann wird Ihre Familie wahrscheinlich mit vielen Kindern gesegnet sein.

Zweites Quartal (April bis Juni)

Liebe und Partnerschaft

April-Geborene
April-Frauen und Juni- bzw. Juli-Männer ziehen sich magisch an. Für September- und November-Männer empfinden April-Frauen nur selten Zuneigung. Durchschnittlich häufig sind Partnerschaften zwischen April-Frauen und

Männern mit Geburtstag zwischen Januar und Mai, August, Oktober und Dezember.
Wenn April-Männer Februar-Frauen treffen, brennt das Feuer der Liebe lichterloh. Relativ selten knistert es dagegen zwischen April-Männern und Mai- oder Januar-Frauen. Verbindungen zwischen den übrigen Monaten sind durchschnittlich oft anzutreffen.

Mai-Geborene

Mai-Frauen suchen Dezember-Männer und lenken sie dann auch gezielt in den Hafen der Ehe. Selten finden sie aber Februar-, April- und Juni-Männer attraktiv. Wenn sich dennoch Mai-Frauen und Februar-Männer finden, liegen Spannungen in der Luft, Trennungen sind nicht ausgeschlossen.
Trifft ein Mai-Mann eine Juni- oder August-Frau, dann bleibt es nicht bei einem oberflächlichen Gespräch, das am nächsten Tag schon wieder vergessen ist. Oft wird aus dieser Begegnung eine Verbindung fürs Leben. Wenig Anziehungskraft üben Dezember-Frauen auf Mai-Männer aus. Die in den anderen Monaten (Januar bis Mai, Juli, September bis November) geborenen Frauen werden von den Mai-Männern durchschnittlich häufig als Partnerinnen fürs Leben ausgewählt.

Juni-Geborene

Juni-Frauen fühlen sich von Mai-, Juni- und November-Männern magisch angezogen. Häufig wird aus diesem Flirt eine ernsthafte Beziehung. Weniger interessant sind für Juni-Frauen Männer, die im Oktober geboren wurden. Bei einer Ehe zwischen den beiden liegen oft Spannungen in der Luft. Verbindungen mit Männern aus den Geburtsmonaten Januar bis April, Juli bis September und Dezember sind durchschnittlich häufig. Juni-Männer zieht es zu April-, Juni- und Juli-Frauen hin. Jedenfalls enden Partnerschaften zwischen diesen Monaten häufig vor dem Traualtar. Relativ selten sind dagegen dauerhafte Beziehungen zwischen Juni-Männern und Januar-, Mai- und Oktober-Frauen. Beziehungen zwischen Juni-Männern und Frauen, die in den übrigen Monaten geboren wurden, sind durchschnittlich häufig.

Studium und Beruf

April-Geborene
Sie zeigen besonderes Interesse für pädagogische und kreativ-künstlerische Berufe. Auch in der Politik sind April-Geborene überdurchschnittlich häufig zu finden. Naturwissenschaftliche Gebiete wie Geographie oder Informatik zählen üblicherweise nicht zu den Stärken der April-Geborenen.

Mai-Geborene
Mai-Geborene verfügen über eine hohe soziale Intelligenz, sind kommunikationsfähig und treten gerne mit ihren Mitmenschen in Kontakt. Deshalb ist es nicht verwunderlich, dass sie besonders häufig Journalismus, Rechtswissenschaft, Wirtschaftswissenschaften, Pädagogik oder Theologie studieren. Abweichend von diesen eher kommunikativen Berufen besteht noch ein großes Interesse für Informatik. Selten ergreifen Mai-Geborene eine Laufbahn als Politiker.

Juni-Geborene
Juni-Geborene sind in zwei Bereichen den Mai-Geborenen ähnlich. Sie interessieren sich wie Mai-Geborene für Wirtschaftswissenschaften und sind außerdem häufig als

Journalisten tätig. Für Politik und technische Berufe können sich Juni-Geborene nur selten begeistern.

Gesundheit

April- bis Juni-Geborene

Wenn Sie im zweiten Quartal Geburtstag haben, stellt Übergewicht für Sie meist kein Problem dar. Ganz im Gegenteil: Wer in dieser Zeit das Licht der Welt erblickt, neigt eher zu Untergewicht. Sollten Sie dennoch einmal zu viel Gewicht auf die Waage bringen, werden Sie wahrscheinlich relativ leicht wieder zum Normalgewicht zurückfinden können.

Im zweiten Quartal Geborene haben zudem ein leicht erhöhtes Risiko an Typ-I-Diabetes (Jugend-Diabetes) zu erkranken. Machen Sie sich aber deswegen keine allzu großen Sorgen. Diese Variante des Diabetes ist in der Bevölkerung nur selten anzutreffen.

Wer im zweiten Quartal geboren wurde, ist einfühlsam. Er kann sich leicht in andere Menschen hineinversetzen und sie verständnisvoll beraten. Deshalb vertraut man diesen Personen auch Sorgen und Geheimnisse an. Große Auftritte vor Publikum gehören nicht zu den Lieblingsaktivitäten der Frühjahrskinder. Sie sind eher schüchtern. Auch Lernschwierigkeiten wurden teilweise mit einem Geburtsmonat im Frühjahr in Verbindung gebracht, dennoch sind Frühjahrsmenschen später im Beruf nicht weniger erfolgreich.

April-Geborene haben – ähnlich wie die im ersten Quartal Geborenen – ein gering erhöhtes Risiko für Krebs. Dieses Risiko lässt sich durch einen entsprechenden Lebensstil aber beseitigen. Hinweise zu einem Lebensstil, der das Krebsrisiko senken kann, finden Sie auf Seite 92.

Aufgrund ihres Geburtsmonats wurden sie darüber hinaus schon um den Geburtszeitpunkt herum – ähnlich wie die im ersten Quartal Geborenen – einer hohen Pollenkonzentration ausgesetzt. Ihr Immunsystem war zu diesem Zeitpunkt noch nicht voll funktionsfähig und reagiert deshalb häufig im späteren Leben mit einer Pollenallergie.

Wenn Sie im *April* oder *Mai* Geburtstag haben, besteht zudem eine erhöhte Neigung zu asthmatischen Beschwerden. Außerdem leiden *April-* und *Mai-Geborene* manchmal unter unbegründeter Traurigkeit. Das haben sie mit den März-*Geborenen* gemeinsam. Lassen Sie in diesem Fall Ihre pessimistischen Anlagen nicht die Oberhand gewinnen.

Mai- oder *Juni-Geborene* leiden häufiger unter einer so genannten »Glutenunverträglichkeit«. Sollten Sie öfters über Verdauungsbeschwerden klagen, lassen Sie vorübergehend alle Getreideprodukte weg – möglicherweise stellt sich dann eine Besserung des Befindens ein. Bleiben die Beschwerden unverändert, fragen Sie einen Arzt um Rat. Ein Pluspunkt ist das geringe Krebsrisiko.

Juni-Geborene haben ein ganz besonderes Gesundheitsplus. Verglichen mit allen anderen Geburtsmonaten besteht bei ihnen das geringste Risiko für Herzinfarkt. Immerhin zählen Herz-Kreislauf-Erkrankungen in den Industriestaaten zu den häufigsten Krankheiten. Außerdem haben Juni-Geborene ein geringes Risiko für Krebserkrankungen. Übergewicht ist für sie in der Regel kein Problem, ganz im Gegenteil: In Stress-Situationen müssen sie oft eher darauf achten, nicht zu dünn zu werden. *Juni-Geborene* sind in der sonnigen Jahreszeit zur Welt gekommen. Voll Sonne ist auch ihre seelische Verfassung. Nichts kann ihren Optimismus erschüttern. Sie besitzen die wunderbare Fähigkeit, einer Sache immer die gute Seite abzugewinnen. Das macht sie beliebt bei ihren Bekannten und Berufskollegen. Denn bei ihrer Anwesenheit verfliegt oft die schlechte Laune schnell. Sie können anderen Mut machen und deren Seele ins Lot bringen.

Drittes Quartal (Juli bis September)

Liebe und Partnerschaft

Juli-Geborene

Wenn eine Juli-Frau einen Juni-, August- oder Oktober-Mann trifft, ist dies oft der Beginn einer langen und dauerhaften Beziehung, die nicht selten vor dem Traualtar endet. Bei einer Begegnung zwischen Juli-Frauen und März- oder Dezember-Männern reicht hingegen die Anziehungskraft meist nur für einen kurzen Flirt aus – mehr wird selten daraus. Besonders explosiv scheint die Verbindung Juli-Frau und März-Mann zu sein. Laut Kop liegt das Trennungsrisiko in diesem Fall achtmal höher als bei anderen Beziehungen.

Durchschnittlich häufig wählen Juli-Frauen Lebenspartner, die im Januar, Februar, April, Mai, Juli, September oder November Geburtstag feiern.

Die Herzdamen der Juli-Männer sind vor allem April- und Dezember-Frauen. Wenn einem Juli-Mann eine Frau begegnet, die in diesen Monaten Geburtstag hat, wird er seinen ganzen Charme einsetzen, um sie dauerhaft an sich zu binden. Häufig ist ein solches Bemühen eine Investition in ein langes gemeinsames Leben. Weniger Anziehungskraft hat die Februar-Frau auf den Juli-Mann. Bei einer Ehe zwischen diesen liegt Spannung in der Luft und Trennungen sind häufiger. Die Kontakte zu Frauen aus den übrigen Monaten (Januar, März, Mai bis November) enden durchschnittlich häufig vor dem Standesamt.

August-Geborene
August-Frauen sind Feuer und Flamme, wenn sie einem Mai- oder August-Mann begegnen. September-Männer passen hingegen eher selten in das »Beuteschema« der August-Frau. Partnerschaften mit Männern aus den übrigen Monaten ergeben sich durchschnittlich häufig.
Für August-Männer sind Frauen, die im Juli, August, Oktober und Dezember Geburtstag haben, besonders begehrenswert. Mit diesen schließen sie häufiger als mit allen anderen Frauen den Bund der Ehe. Relativ selten sind dagegen lang dauernde Liebesbeziehungen zu Januar-, März- und November-Frauen. Frauen aus allen anderen Monaten (Februar, April bis Juni, September, Dezember) werden durchschnittlich häufig als Partnerinnen gewählt.

September-Geborene
September-Frauen und September-Männer liegen auf der gleichen Wellenlänge – die Funkverbindung in Sachen Liebe stimmt. Wenn sie sich begegnen, kann daraus eine lebenslange Partnerschaft entstehen. Relativ selten ist dagegen eine Verbindung zwischen September-Frauen und Januar-Männern. Beziehungen zu Männern aus allen anderen Geburtsmonaten (Februar bis August und Oktober bis Dezember) ergeben sich durchschnittlich häufig.
Zwischen September-Männern und September-Frauen, darauf haben wir schon oben hingewiesen, stimmt die Chemie im Partnerschaftscocktail. Doch auch Oktober- und Dezember-Frauen hinterlassen bei September-Männern bleibende Eindrücke. Nicht selten sind für September-Männer Begegnungen mit diesen Frauen der erste Schritt auf dem

Weg zur Familiengründung. April- und August-Frauen hingegen üben auf September-Männer nur eine geringe Anziehungskraft aus. Mit Frauen aus allen anderen Monaten kommt es durchschnittlich häufig zu Partnerschaften.

Studium und Beruf

Juli-Geborene

Juli-Geborene verfügen über eine besonders hohe soziale Kompetenz. Ihr Interesse gilt vor allem gesundheitlichen, erziehungswissenschaftlichen, sozialen und gesellschaftswissenschaftlichen Fragestellungen. Deshalb studieren sie besonders häufig Pädagogik, Gesellschaftswissenschaften, Wirtschaftswissenschaften, Pflege und Gesundheit und Sportwissenschaften. Auch künstlerische und musische Themen liegen ihnen am Herzen. Kein Wunder, dass man Juli-Geborene häufig in den Fächern Kunst und Musik findet. Aus diesem Raster fällt das große Interesse für Mathematik.

Daraus darf aber nicht geschlossen werden, dass alle Studenten dieser Fachrichtung ihren Abschluss als Diplom-Mathematiker machen. Viele wählen das Fach auch, um später an Schulen zu unterrichten.

August-Geborene

August-Geborene können sich besonders gut in andere Menschen hineinversetzen. Sie studieren aus diesem Grund häufiger als andere Psychologie. Einfühlungsvermögen wird aber auch von guten Schauspielern und Regisseuren verlangt. Deshalb ist es nicht weiter verwunderlich, dass August-Geborene häufig das Fach Theater-, Film- und Medienwissenschaften wählen. Selten streben sie eine politische Karriere an.

September-Geborene
September-Geborene arbeiten sach- und zielorientiert, ihnen liegt analytisches und logisches Denken und sie verfügen häufig über ein starkes Durchsetzungsvermögen. Ihr besonderes Interesse gilt der Informatik und Geographie. Gerne streben sie eine Karriere in der Politik an. Auch Medizinstudenten werden besonders häufig im September geboren. Selten findet man September-Geborene unter Theologen und Wirtschaftswissenschaftlern.

Gesundheit

Juli- bis September-Geborene
Wenn Sie im dritten Quartal geboren wurden, dann sind Ihre Schwachstellen vor allem Knochen, Zähne und Verdauungstrakt. Juli- bis September-Geborene haben ein leicht erhöhtes Risiko für Osteoporose und Knochenbrüche. Auch Karies wird etwas häufiger bei den in diesen Monaten Geborenen diagnostiziert. Lassen Sie sich aber deshalb keine »grauen Haare wachsen«. Gegen diese Probleme können sie vorbeugend eine Menge tun. Erkrankungen des Verdauungstraktes wie Glutenunverträglichkeit oder M. Crohn sind bei Menschen, die im dritten Quartal geboren wurden, etwas häufiger. Sollten Sie unter Darmbeschwerden leiden, lassen Sie sich von einem Spezialisten beraten – oft hilft dann schon eine Ernährungsumstellung, um die Symptome zu bessern.
Sind Sie im *Juli* oder *August* geboren, besteht außerdem ein leicht erhöhtes Diabetes-Typ-I-Risiko. Ein besonderer Pluspunkt für Ihre Gesundheit ist jedoch eine geringe Anfälligkeit für Krebserkrankungen. Als Sommerkinder haben Sie ein Abonnement für Optimismus. Ihre Seele strahlt Sonne aus und wärmt Ihre Umwelt.

Wenn Sie im *Juli* Geburtstag haben, kommt noch ein weiteres Gesundheitsplus hinzu: Sie sind – nach den November-Geborenen – besonders gut vor Schlaganfall geschützt. Ähnlich wie bei Frühlingskindern weisen auch Juli-Geborene etwas häufiger Lernschwierigkeiten auf. Dennoch müssen sie später im Beruf nicht weniger erfolgreich sein.
Wenn Sie im *August* oder *September* geboren wurden, ist die Wahrscheinlichkeit, Asthma zu entwickeln, gering. Kinder, die im August oder September auf die Welt kommen, weisen oft ein etwas höheres Geburtsgewicht auf und sind dadurch im späteren Leben vor Herz-Kreislauf-Erkrankungen besser geschützt.
Wenn Sie im *September* Geburtstag haben, besteht – vor allem im Kindesalter – ein erhöhtes Risiko für Neurodermitis. In vielen Fällen klingt diese Neigung aber bis zum Erwachsenenalter wieder ab. Für die Entwicklung eines jugendlichen Diabetes (Zuckerkrankheit) besteht nur eine geringe Gefahr.

Viertes Quartal (Oktober bis Dezember)

Liebe und Partnerschaft

Oktober-Geborene
Oktober-Frauen sind schnell entflammt, wenn sie Januar-, Februar-, August- oder September-Männer treffen. Aus einem Flirt kann dann leicht eine Beziehung fürs Leben werden. Treffen Oktober-Frauen hingegen Juni-Männer, bleibt es meist bei einem folgenlosen Kontakt. Durchschnittlich häufig sind Beziehungen mit Männern, die zwischen März und Mai, im Juli oder zwischen Oktober und Dezember Geburtstag feiern.

Oktober-Männer sind fasziniert von Januar-, Juli- und November-Frauen. Selten trifft sie Amors Pfeil bei Februar- und Juni-Frauen. Bei einer Ehe zwischen Oktober-Mann und Juni-Frau besteht ein erhöhtes Trennungsrisiko (Kop 1974). Durchschnittlich häufig heiraten Oktober-Männer Frauen aus den Geburtsmonaten März bis Mai, August bis Oktober und Dezember.

November-Geborene

Favoriten der November-Frauen sind Männer, die im Oktober und November Geburtstag haben. Trifft eine November-Frauen einen solchen Mann, ist das oft der Beginn einer langen Partnerschaft. Relativ selten knistert es zwischen November-Frauen und August-Männern. Mit Männern, die in den übrigen Monaten des Jahres geboren wurden, gehen November-Frauen durchschnittlich häufig Partnerschaften ein.

November-Männer sind Juni-, November- und Dezember-Frauen besonders zugeneigt. Januar- und April-Frauen sind ihnen dagegen fremd. Nur selten kommt es deshalb zu stabilen Partnerschaften zwischen November-Männern und Frauen, die im Januar bzw. im April Geburtstag feiern. Frauen aus allen anderen Geburtsmonaten werden von November-Männern durchschnittlich häufig als Partnerinnen gewählt. Doch Vorsicht bei Männern, die in der zweiten Novemberhälfte geboren wurden: Sie scheinen für die Ehe nicht gemacht zu sein und treten – unabhängig vom Geburtsmonat der Frau – doppelt so häufig vor den Scheidungsrichter wie Männer, die in anderen Monaten geboren wurden (Kop 1974). Wer jedoch bereits mit einem solchen Mann glücklich verheiratet ist, sollte sich, wenn sonst alles stimmt, keine Sorgen machen.

Dezember-Geborene
Für Dezember-Frauen haben Juli-, August-, September- und November-Männer den höchsten Attraktivitätsfaktor. Ein Flirt mit diesen Männern endet nicht selten vor dem Traualtar. Weniger interessant sind für Dezember-Frauen Mai-Männer. Hier springt der Funke selten über. Beziehungen zwischen Dezember-Frauen und Männern, die zwischen Januar und April, im Juni, Oktober oder Dezember geboren wurden, sind durchschnittlich häufig.
Dezember-Männer suchen sich am liebsten Mai-Frauen aus, wenn es um eine dauerhafte Partnerschaft geht. Mit Februar- und Juli-Frauen liegen Dezember-Männer hingegen nur selten auf gleicher Wellenlänge. Mit Frauen aus allen anderen Geburtsmonaten gehen Dezember-Männer durchschnittlich häufig Lebenspartnerschaften ein.

Studium und Beruf

Oktober-Geborene
Oktober-Geborene denken in naturwissenschaftlichen Kategorien. Sie wählen besonders häufig Physik und Informatik. Herbst-Geborene zeichnen sich oft durch ein besonderes Durchsetzungsvermögen und unerschütterliches Selbstbewusstsein aus. Es ist deshalb nicht verwunderlich, dass unter den Spitzenpolitikern Oktober-Geborene stark vertreten sind. Für soziale und kommunikative Fächer wie Pädagogik, Theologie und Journalismus sind Oktober-Geborene nur selten zu begeistern.

November-Geborene
November-Geborene interessieren sich vor allem für technische Berufe. Sie sind jedoch in Fächern, in denen die Kommunikation mit anderen Menschen für den Be-

rufserfolg wichtig ist, unterrepräsentiert. Deshalb wählen sie auch relativ selten die Studienfächer Wirtschaftswissenschaften, Pädagogik, Musik und Pflege und Gesundheit. Interessant ist in diesem Zusammenhang auch, dass sie im Studiengang Mathematik unterrepräsentiert sind. Sie wählen Mathematik möglicherweise deshalb besonders selten, weil die Mehrheit der Mathematikstudenten später den Lehrerberuf ergreift.

Dezember-Geborene
Das von uns ausgewertete Datenmaterial lässt für Dezember-Geborene keine besonderen Präferenzen für bestimmte Studienfächer und Berufe erkennen. Sie verteilen sich gleichmäßig auf alle untersuchten Studien- und Arbeitsgebiete. Wir können Ihnen deshalb nur mitteilen, welche Richtungen von Dezember-Geborenen selten eingeschlagen werden. Dezember-Geborene bringen in der Regel wenig Interesse für soziale und geisteswissenschaftliche Themen mit. Sie sind besonders selten in den Studiengängen Gesellschaftswissenschaften, Pädagogik, Haushalt und Ernährung, Journalismus und Humanmedizin zu finden. Auffallend ist auch das geringe Interesse für Physik.

Gesundheit

Oktober- bis Dezember-Geborene
Zunächst einmal die guten Botschaften: Von allen im Laufe des Jahres Geborenen haben die zwischen Oktober und Dezember Geborenen die längste Lebenserwartung. Auch Gewichtsprobleme sind für sie wahrscheinlich kein Thema. Sie halten ihr Normalgewicht oder – wenn es doch einmal ein paar Pfunde zu viel sein sollten

– werden sie diese meist mit wenig Anstrengung wieder los. Wer im letzten Quartal das Licht der Welt erblickt, hat ein etwas höheres Risiko, vor allem im Kindesalter Ekzeme und Neurodermitis zu entwickeln. In vielen Fällen klingt diese Neigung aber bis zum Erwachsenenalter wieder ab. Linkshänder kommen relativ häufig im vierten Quartal auf die Welt (wenn Sie unsicher sind, ob Sie die Anlagen zur Linkshändigkeit haben, machen Sie den Test auf Seite 117f.). Das muss kein Nachteil sein. Im Sport – vor allem bei Ballsportarten – kann sich diese Besonderheit sogar positiv auswirken. Die rechtshändigen Gegner nehmen Ihre Bewegungsabläufe spiegelbildlich wahr und haben Schwierigkeiten, sich auf Ihr Spiel einzustellen.

Für die im *Oktober* Geborenen gibt es darüber hinaus noch einige Besonderheiten. Ihre Schwachstellen sind vor allem Knochen und Zähne – das haben sie mit den Sommerkindern gemeinsam. Knochenbrüche, Osteoporose und Karies treten bei den Oktober-Geborenen etwas häufiger auf.

Der Geburtsmonat scheint *November-Geborene* besonders gut vor Zivilisationskrankheiten zu bewahren. Von allen Geburtsmonaten haben November-Menschen das geringste Risiko für Übergewicht, Zuckerkrankheit (Altersdiabetes) und Herz-Kreislauf-Erkrankungen wie Schlaganfall oder Angina pectoris. Auch bei der Veranlagung für Herzinfarkte schneiden November-Menschen gut ab. Nach den Juni-Geborenen haben sie die zweitniedrigste Herzinfarktrate von allen Geburtsmonaten. Allerdings besteht eine leicht erhöhte Neigung zu Neurodermitis.

Dezember-Geborene haben ebenfalls ein niedriges Risiko, eine Zuckerkrankheit zu entwickeln. Auch andere Zivilisationskrankheiten wie Herz-Kreislauf-Erkrankungen und Übergewicht treten unterdurchschnittlich häufig auf. Mentale Beeinträchtigungen kommen bei Dezember-Geborenen etwas häufiger vor. Frauen, die im Dezember geboren wurden, bringen mehr Kinder auf die Welt als Frauen, die während des übrigen Jahres Geburtstag haben.

Anhang

Anhang 1: Geburtstage der deutschen Bundeskanzler

Bundeskanzler	Geburtsdatum
Konrad Adenauer	05. 01. 1876
Ludwig Erhard	04. 02. 1897
Georg Kiesinger	06. 04. 1904
Willi Brandt	18. 12. 1913
Helmut Schmidt	23. 12. 1918
Helmut Kohl	03. 04. 1930
Gerhard Schröder	07. 04. 1944

Anhang 2: Geburtstage der US-Präsidenten

	Präsident	Geburtsdatum – Sterbedatum
1	George Washington	22. 02. 1732 – 14. 12. 1799
2	John Adams	30. 10. 1735 – 04. 07. 1826
3	Thomas Jefferson	13. 04. 1743 – 04. 07. 1826
4	James Madison	16. 03. 1751 – 28. 06. 1836
5	James Monroe	20. 04. 1758 – 04. 07. 1831
6	John Quincy Adams	11. 07. 1767 – 23. 02. 1848
7	Andrew Jackson	15. 03. 1767 – 08. 06. 1845
8	Martin van Buren	05. 12. 1782 – 24. 07. 1862
9	William Henry Harrison	09. 02. 1773 – 04. 04. 1841
10	John Tyler	29. 03. 1790 – 18. 01. 1862
11	James Knox Polk	02. 11. 1795 – 15. 06. 1849

Präsident	Geburtsdatum – Sterbedatum
12 Zachary Taylor	24. 11. 1784 – 09. 07. 1850
13 Millard Fillmore	07. 01. 1800 – 08. 03. 1874
14 Franklin Pierce	23. 11. 1804 – 08. 10. 1869
15 James Buchanan	23. 04. 1791 – 01. 06. 1868
16 Abraham Lincoln	12. 02. 1809 – 15. 04. 1865
16a Jefferson Davis	03. 06. 1808 – 06. 12. 1889
17 Andrew Johnson	29. 12. 1808 – 31. 07. 1875
18 Ulysses Simpson Grant	27. 04. 1822 – 23. 07. 1885
19 Rutherford Richard Hayes	04. 10. 1822 – 17. 01. 1893
20 James Abram Garfield	19. 11. 1831 – 19. 09. 1881
21 Chester Alan Arthur	05. 10. 1829 – 18. 11. 1886
22 Stephen Grover Cleveland	18. 03. 1837 – 24. 06. 1908
23 Benjamin Harrison	20. 08. 1833 – 13. 03. 1901
24 Stephen Grover Cleveland	18. 03. 1837 – 24. 06. 1908
25 William McKinley	29. 01. 1843 – 14. 09. 1901
26 Theodore Roosevelt	27. 10. 1858 – 06. 09. 1919
27 William Howard Taft	15. 09. 1857 – 08. 03. 1930
28 Thomas Woodrow Wilson	28. 12. 1856 – 03. 02. 1924
29 Warren Gamaliel Harding	02. 11. 1865 – 02. 08. 1923
30 Calvin Coolidge	04. 07. 1872 – 05. 01. 1933
31 Herbert Hoover	10. 08. 1874 – 20. 10. 1964
32 Franklin Delano Roosevelt	30. 01. 1882 – 12. 04. 1945
33 Harry Spencer Truman	08. 05. 1884 – 26. 12. 1972
34 Dwight David Eisenhower	14. 10. 1890 – 28. 03. 1969
35 John Fitzgerald Kennedy	25. 09. 1917 – 22. 11. 1963
36 Lyndon Baines Johnson	27. 08. 1908 – 22. 01. 1973
37 Richard Milhous Nixon	09. 01. 1913 – 22. 04. 1994
38 Gerald Rudolph Ford	14. 07. 1913 –
39 James Earl Carter	01. 10. 1924 –
40 Ronald Wilson Reagan	06. 02. 1911 – 05. 06. 2004
41 George Herbert Walter Bush	12. 06. 1924 –
42 William Jefferson Clinton	19. 08. 1946 –
43 George W. Bush	06. 07. 1946 –

Anhang 3:
Geburtsmonate britischer Fußballspieler (britische Fußballliga 1986–2002)

Geburtsmonat	Anzahl
Januar	942
Februar	807
	Winter (Dez.–Feb.) gesamt: 2696
März	822
April	682
Mai	643
	Frühling (März–Mai) gesamt: 2147
Juni	576
Juli	574
August	829
	Sommer (Juni–Aug.) gesamt: 1979
September	1358
Oktober	1283
November	1100
	Herbst (Sept.–Nov.) gesamt: 3741
Dezember	947

Geburtsmonate der 10 563 Spieler der britischen Fußballliga, die zwischen 1986 und 2002 in der English Premier League oder der Football League Club aufgestellt waren.

Anhang 4: Geburtsmonate der deutschen Fußballweltmeisterschaftsteilnehmer

Geburtsmonat	Anzahl
Januar	30
Februar	20
	Winter (Dez.–Feb.) gesamt: 74
März	35
April	17
Mai	21
	Frühling (März–Mai) gesamt: 73
Juni	11
Juli	42
August	20
	Sommer (Juni–Aug.) gesamt: 81
September	44
Oktober	25
November	38
	Herbst (Sept.–Nov.) gesamt: 107
Dezember	24

Fußballer, die mit ihrem Team entweder Weltmeister (1954, 1974, 1990) wurden oder zweite (1966, 1982, 1986, 2002), dritte (1934, 1970) oder vierte (1958) Plätze belegten.

Anhang 5: Empfehlungen für eine optimale Nährstoffzufuhr in der Schwangerschaft

Diese Empfehlungen gelten prinzipiell für alle Schwangeren. Besonders wichtig sind sie jedoch für Mütter, deren Kinder in den Wintermonaten auf die Welt kommen.

Vitamine	
Vitamin B 1 (Thiamin)	3 mg
Vitamin B 2 (Riboflavin)	3 mg
Vitamin B 3 (Niacin)	25 mg
Vitamin B 6	4 mg
Vitamin B 12	10 µg
Vitamin C	150 mg
Vitamin D	400 I.E.
Vitamin E	10 mg
Folsäure	800 µg
Panthotensäure	12 mg
Biotin	150 µg
Vitamin K	70 µg
Gemischte natürliche Carotinoide	5 mg

Auf eine ergänzende Vitamin-A-Zufuhr sollte in den ersten Schwangerschaftsmonaten verzichtet werden.

Mineralstoffe	
Calcium	1000 mg
Magnesium	250 mg

Spurenelemente	
Eisen	15 mg
Selen	60 µg
Zink	15 mg
Jod	200 µg
Fluorid	1,5 mg

Sonstiges	
Omega-3-Fettsäuren (Fischöl)	400 mg

Die in der Schwangerschaft benötigten Mikro-Nährstoffmengen werden mit der täglichen Nahrung oft nicht erreicht. Deshalb empfehlen wir eine Ergänzung durch Vitamin- und Mineralstoffpräparate.

Literatur

Addey, JM: The Discrimination of Birth-Types in Relation To Disease. The Cambridge Circle Press, Green Bay. 1973

Alton, A, Massey, AJ: Date of Birth and Achievement in GCSE and GCE A Level. Educational Research, 40, 1, 105–109, 1998

Axt P, Axt-Gadermann M: Zusammenhänge zwischen Geburtsmonat und Krankheitsrisiko. Ergebnis einer Auswertung von 250 000 Patientendaten. (Unveröffentlichtes Manuskript 2004)

Axt P, Axt-Gadermann M: Die Kunst, länger zu leben. München 2002

Axt P, Axt-Gadermann M: Vom Glück der Faulheit. München 2001

Badian NA: Birth Order, Maternal Age, Season of Birth, and Handedness. Cortex 19: 451-463, 1983

Barker DJP: Mothers, Babies and Health in Later Life. 2nd ed. BMJ Publishing, London 1998

Barker DJP, Law M, Wald N: Why Heart Disease Mortality is Low in France: The Time Lag Explanation. BMJ, 318 (7196):1471-6, 1999

Barker DJP: Rapid Weight Gain in Low Birthweight Babys May Lead to Adult Hypertension. MRC – Medical Research Council, Environmental Epidemiology, Universität Southhampton, 04. 02. 2002. www.mrc.soton.ac.uk/pressrelease_list.asp

Baron-Cohen S: Frauen denken anders. www.spiegel.de/spiegelspecial/0,1518,272649,00.html, 2003

Berndt H.: Krebs und Geburtsmonat. Zeitschrift für Krebsforschung. Hrsg: Deutsches Zentralkomitee zur Erforschung und Bekämpfung der Krebskrankheit. Springer. Bd. 68, 303-320, 1966

Cagnacci A, Renzi A, Arangino S, Alessandrini C, Volpe A: The Male Disadvantage and the Seasonal Rhythm of Sex Ratio at the Time of Conception. Human Reproduction, Vol. 18, No. 4, 885-887, 2003

Centola G, Eberley S: Seasonal Variations and Age-related Changes in Human Sperm Count, Motility, Motion Parameters, Morphology, and White Blood Cell Concentration. Fertility and Sterility 72:803-808, 1999

Chaoui Rabih: Fetale Programmierung – Krankheiten in die Wiege gelegt? Gynäkologie und Geburtshilfe, 1: 47-49, 2002

Cooper, Cyrus: Mothers Who Over-Exercise in Late Pregnancy May Affect Development of Their Baby's Bones. Ref: 01/129, 23 October 2001, University of Southampton. www.soton.ac.uk/~pubaffrs/01129.htm

Degen R: Der kleine Unterschied im Gehirn, FAZ 20.01.99

DeVries G J, DeBruin J P, Uylings H B M, Corner M A: The Relation between Structure and Function, in: Progress in Brain Research, Band 61. Elsevier, 1984

Diel F, Diel E: Allergien, Düsseldorf 1990

Diener E, Diener R B: Will Money Increase Subjective Well-Being? A Literature Review and Guide to Needed Research, in: Social Indicators Research, S. 119-169, 2002 (ISQOLS Best Annual Paper from Social Indicators Research 2003).

Doblhammer G, Vaupel JW: Lifespan Depends on Month of Birth. Proc Natl Acad Sci USA, 27;98(5):2934-9, 2001

Doblhammer-Reiter G: Im Herbst Geborene leben länger, Max Planck Forschung 2/2001,
http://www.mpg.de/pdf/mpf01_2/mpf01_2_014_017.pdf

Donner S: Das Mysterium der Geschlechterwahl. www.spiegel.de/wissenschaft/mensch/0,1518,288233,00.html. 29.2.2004

Eagles JM, Andrew JE, Johnston MI, Easton EA, Millar HR: Season of Birth in Females with Anorexia Nervosa in Northeast Scotland. Int J Eat Disord, 30(2): 167-75, 2001

Eliot L: Was geht da drinnen vor? Berlin 2002

Feldmeier H.: Zerstören Mykobakterien den Darm? Neue Zürcher Zeitung, 14.01.2004

Geschwind N, Behan P: Laterality, Hormones and Immunity, in: N. Geschwind & A. Galaburda (Hrsg.), Biological Foundations of cerebral Dominance. Cambridge, (Harvard University Press) 1984

Gortmaker S. L., Kagan J, Caspi A, Silva P: Daylength During Pregnancy and Shyness in Children: Results from Northern and Southern Hemispheres. Developmental Psychobiology 31,2: 107-114, 1997

Hornung B: Glücksforschung – was uns wirklich glücklich macht. München, IfG, 2004

Hornung B: www.gluecksforschung.de

Huber S, Fieder M, Wallner B, Moser G, Arnold W: Brief Communication: Birth Month Influences Reproductive Performance in Contemporary Women. Human Reproduction, 19:5, 1081-1082, 2004

Hyoty H, Hiltunen M, Knip M, Laakkonen M, Vahasalo P, Karjalainen J, et al.: A Prospective Study of the Role of Coxsackie B and Other Enterovirus Infections in the Pathogenesis of IDDM. Diabetes 44: 652-657, 1995

Ivarson A, Hernell O, Nyström L, Persson LA: Children Born in Summer have Increased Risk for Coeliac Disease. Journal of Epidemiology and Community Health 57:36-39, 2003

Jongbloet PH, Groenewould HMM, Hirasing RA, Van Buuren S.: Seasonality of Birth in Patients with Childhood Diabetes in the Netherlands. Diabetes Care 21: 190-191, 1998

Kalliomäki M et al.: Probiotics and Prevention of Atopic Disease: 4-Year Follow-Up of a Randomised Placebo-Controlled Trial, Lancet, 361, 2003

Kayser R: Gestirne als Götter – nicht die Sterne lügen, sondern die Astrologen – Zur Kritik an der Sterndeuterei. 31.3.1997 www.wienerzeitung.at/frameless/lexikon.htm?ID=116

Kimura D: Weibliches und männliches Gehirn. Spektrum der Wissenschaft 11, 1992

Kimura D: Weibliches und männliches Gehirn. http://www.vobs.at/bio/a–phys/a–gehirn_mw.htm

Kimura D, Hampson: Current Directions in Psychological Science, 3, 5761, 1994

Klingholz R: Demographie: Was Deutschland erwartet. Geo-Magazin, 5, 2004
Koch Saskia: Möglicher Zusammenhang zwischen Geburtsmonat und Gesundheitsrisiken. Diplomarbeit FH Fulda, 2003
Kop PP, Heuts BA: Month of Birth and Partner Choice in Marriage. Journal of Interdisciplinary Cycle Research, 5:1, 19, 1974
Kusonoki T, Asai K., Harazaki M, Korematsu S, Hosoi S: Month of Birth and Atopic Dermatitis in Schoolchildren: Dry Skin in Early Infancy as a possible Ethiologic Factor. Journal of Allergy and Clinical Immunology. 103:1148-52, 1999
Lawlor DA, Davey Smith G, Mitchell R, Ebrahim S:
Temperature at Birth, Coronary Heart Disease, and Insulin Resistance: Cross Sectional Analyses of the British Women's Heart and Health Study. Heart 90: 381-388, 2004
Lehmann Marlinde: Kriegen wir KHK und Diabetes, weil unsere Mütter schlecht ernährt waren? Ärzte Zeitung, 27.7.1999
Leslie DG, Elliot RB: Early Environmental Events as a Cause of IDDM. Diabetes 43: 843-850, 1994
Livingstone R et al.: Season of Birth and Neurodevelopmental Disorders: Summerbirth is associated with Dyslexia. Journal of the American Academy of Child and Adolescent Psychiatry 32:612-616, 1993
Lummaa V, Tremblay M: Month of Birth predicted Reproductive Success and Fitness in Pre-Modern Canadian Women. Proc R Soc Lond B Biol Sci, 22;270(1531):2355-61, 2003
Magnusa P, Eskilda A: Seasonal Variation in the Occurrence of Pre–Eclampsia. Britisch Journal of Obstetrics & Gynaecology, 108; 11: 1116, 2001
Martin M, Jones G: Handedness and Season of Birth: A Gender-Invariant relation. Cortex 35, 123-128, 1999
Mednick SA, Machon RA, Huttunen MO, Bonnett D: Adult Schizophrenia following Prenatal Exposure to an Influenza Epidemic. Arch Gen Psychiatry 45:189-192, 1988
Metcalfe MA, Baum JD: Incidence of Insulin Dependent Diabetes in Children aged under 15 Years in the British Isles during 1988. BMJ 302:443-7, 1991

Miura T., Shimura M., Kimura T., Ichiki A., Nakamura I.: Relative Frequencies of Bone Fractures and Dental Caries by Month of Birth. Kapitel 21 in: Seasonality of Birth. Miura T (Hrsg.), SPB Academic Publishing, 1987

Moffat S D, Hampson E: Salivary Testosterone Concentrations in Left-Handers: An Association with Cerebral Language Lateralization? Neuropsychology, 14; 71–81, 2000

Moritz M: Einflüsse des Geburtsmonats auf Lebensentscheidungen – Eheschließung, Suizid, Studienwahl – und ihre Bedeutung für die Beratung. Dipl. Arb. FH Fulda, März 2003

MRC-Medical Research Council, Environmental Epidemiology: Rapid Weight gain in low Birthweight Babys may lead to adult Hypertension. Prof. D. J. P. Barker, University Southampton, 04. 02. 2002
www.mrc.soton.ac.uk/pressrelease_list.asp

Nakamura I, Uno M: Seasonalities of Obestric Complications and their Relations to Birth Season of Mother. Kapitel 13 in: Seasonality of birth. Miura T (Hrsg.), SPB Academic Publishing, 1987

O´Callaghan et al.: Schizophrenia After Prenatal Exposure to 1957 A2 Influenza Epidemic. Lancet 337, 1248-1250, 1991

Orlock C: Die innere Uhr. In natürlichen Rhythmen leben. Stuttgart 1995

Patterson CC, Smith PG, Webb J, Heasman MA, Mann JI: Geographical Variation in the Incidence of Diabetes Mellitus in Scottish Children during the Period 1977-1983. Diabetic Med 5:160-5, 1988

Phillips D I, et al.: Prenatal Growth and Subsequent Martial Status: Longitudinal Study. BMJ 322(7289):771, 2001

Phillips DI, Young JB: Birth Weight, Climate at Birth and the Risk of Obesity in Adult Life, Int J Obes Relat Metab Disord, 24(3): 281-7, 2000

Rautava S et al.: Probiotics during Pregnancy and Breast-Feeding Might Confer Immunomodulatory Protection against Atopic Disease in the Infant. J Allergy Clin Immunol. 109(1): 119-21, 2002

Reinberger A, Lagoguey M: Circadian and Circannual Rhythms in Sexual Activity and Plasma Hormones (FSH, LH, Testosterone) of Five Human Males. Arcives of Sexual Behaviour, Vol 7; 1:13-29, 1978
Reinisch JM, Rosenblum L, Sanders AA: Masculinity/Femininity. Oxford University Press, 1987
Ring J: Angewandte Allergologie, München 1991
Rothwell PM, Staines A, Smail P, Wadsworth E, McKinney P.: Abnormal Seasonality of Birth in Childhood Diabetes. BMJ 312: 1456–1457, 1996
Rubner J: Was Frauen und Männer so im Kopf haben, München 1996
Samuelsson U, Ludvigsson J: Seasonal Variation of Birth Month and Breastfeeding in Children with Diabetes Mellitus. J Pediatr Endocrinol Metab 14 (1):436, 2001
Schröter D: Geburt und Lebenschance. Diplomarbeit, Juli 2003
Shimura M, Nonaka I, Nakamura Y, Suguri F, Fujikatsu A, Ichiki A, Kawana H, Miura T: Season of Birth and Physical Characteristics. Kapitel 11 in: Seasonality of Birth. Miura T (Hrsg.), SPB Academic Publishing, 1987
Sörensen HT, Pedersen L, Nörgard B, Fonager K, Rothman KJ: Does Month of Birth Affect Risk of Crohn´s Disease, in: Childhood and Adolescence? BMJ 323 (7318):907, 2001
Springer, Sally P, Deutsch, Georg: Linkes rechtes Gehirn. Spektrum Akademischer Verlag GmbH, Heidelberg, 1998, 4. Auflage
Springer S P, Deutsch G: Funktionelle Asymmetrien. Spektrum der Wissenschaft Verlagsgesellschaft, Heidelberg 1987
Staines A, Bodansky HJ, Lilley HEB, Stephenson C, McNally RJQ, Cartwright RA: The Epidemiology of Diabetes Mellitus in the United Kingdom: The Yorkshire Regional Childhood Diabetes Register. Diabetologia 36:1282-7, 1993
Stur D: Karzinomexitus und Geburtsmonat. Wiener klinische Wochenschrift, Springer, Bd. 65, 898–901, 1953

Sturm C: Eine Untersuchung des Zusammenhanges zwischen dem Neugeborenengewicht und dem Alter der Mutter, dem Geburtsmonat, der Tragezeit und dem Geschlecht des Kindes. Inaugural-Dissertation zur Erlangung des Doktorgrades der Medizin, Leipzig 1966

Tamburlini G et al.: Children's Health and Environment: A Review of Evidence: A Joint Report from the European Environment Agency and the WHO Regional Office for Europe. Copenhagen, European Environment Agency, Environmental issue report, No. 29, 44-47, 2002

Tenzer E: Mädchen bevorzugt. Psychologie heute. 4: 18, 2004

Thü: 1 Stunde Sonne tanken. Medical Tribune, 8.4.2004, S. 27

Torrey EF, Miller J, Rawlings R, Yolken RH: Seasonality of Births in Schizophrenia and Bipolar Disorder: A Review of the Literature. Schizophr Res 7;28(1):1-38, 1997

Weber GW, Prossinger H, Seidler H: Height Depends on Month of Birth. Nature, 391: 754-755, 1998

Wehr T: Effects of Seasonal Changes in Daylength on Human Neuroendocrine Function. Horm Res 49:118-124, 1998

Wohlfahrt J, Melbye M, Christens P, Andersen A-MN, Hjalgrim H: Secular and Seasonal Variation of Length and Weight at Birth. The Lancet 1998; 352 (Dec 19/26): 1990